차례

선행(善行)
착하고 어진 행동.

善	行	착하고 어진 행동.
착할 선	갈 행	

★ **따라 써 보기**

善	行			善	行			善	行		
착할 선	갈 행			착할 선	갈 행			착할 선	갈 행		

★ **바르게 써 보기**

착할 선	갈 행			착할 선	갈 행			착할 선	갈 행		

착할 선	갈 행			착할 선	갈 행			착할 선	갈 행		

권선징악 (勸善懲惡)

착한 일을 권장하고 악한 일을 징계함.

勸	善	懲	惡	착한 일을 권장하고
권할 **권**	착할 **선**	혼날 **징**	악할 **악**	악한 일을 징계함.

★ 따라 써 보기

勸	善	懲	惡		勸	善	懲	惡	
권할 **권**	착할 **선**	혼날 **징**	악할 **악**		권할 **권**	착할 **선**	혼날 **징**	악할 **악**	

★ 바르게 써 보기

권할 **권**	착할 **선**	혼날 **징**	악할 **악**		권할 **권**	착할 **선**	혼날 **징**	악할 **악**	

권할 **권**	착할 **선**	혼날 **징**	악할 **악**		권할 **권**	착할 **선**	혼날 **징**	악할 **악**	

효도(孝道)
부모를 정성껏 잘 섬기는 일.

孝	道	부모를 정성껏 잘 섬기는 일.
효도 **효**	갈 **도**	

⭐ **따라 써 보기**

孝	道		孝	道		孝	道	
효도 **효**	갈 **도**		효도 **효**	갈 **도**		효도 **효**	갈 **도**	

⭐ **바르게 써 보기**

효도 **효**	갈 **도**		효도 **효**	갈 **도**		효도 **효**	갈 **도**	

효도 **효**	갈 **도**		효도 **효**	갈 **도**		효도 **효**	갈 **도**	

풍수지탄(風樹之嘆)

나무가 고요하고자 하나 바람이 그치지 않는다는 뜻으로,
부모님께 효도를 하려고 하나 부모님이 이미 돌아가시고
계시지 않아 슬프다는 의미.

風	樹	之	嘆	나무가 고요하고자 하나
바람 풍	나무 수	갈 지	탄식할 탄	바람이 그치지 않는다.

★ 따라 써 보기

風	樹	之	嘆		風	樹	之	嘆	
바람 풍	나무 수	갈 지	탄식할 탄		바람 풍	나무 수	갈 지	탄식할 탄	

★ 바르게 써 보기

바람 풍	나무 수	갈 지	탄식할 탄		바람 풍	나무 수	갈 지	탄식할 탄	

바람 풍	나무 수	갈 지	탄식할 탄		바람 풍	나무 수	갈 지	탄식할 탄	

3. 콩쥐팥쥐전
계모, 고진감래

계모 (繼母)
아버지와 재혼하여 새로 생긴 엄마.

繼	母	아버지와 재혼하여 새로 생긴 엄마.
이을 **계**	어미 **모**	

★ **따라 써 보기**

繼	母			繼	母			繼	母		
이을 **계**	어미 **모**			이을 **계**	어미 **모**			이을 **계**	어미 **모**		

★ **바르게 써 보기**

이을 **계**	어미 **모**			이을 **계**	어미 **모**			이을 **계**	어미 **모**		

이을 **계**	어미 **모**			이을 **계**	어미 **모**			이을 **계**	어미 **모**		

06

고진감래(苦盡甘來)

쓴 것이 다하면 단 것이 온다는 뜻으로
고생 끝에 즐거움이 온다는 말.

苦	盡	甘	來	쓴 것이 다하면
쓸 고	다할 진	달 감	올 래	단 것이 온다.

苦	盡	甘	來		苦	盡	甘	來	
쓸 고	다할 진	달 감	올 래		쓸 고	다할 진	달 감	올 래	

쓸 고	다할 진	달 감	올 래		쓸 고	다할 진	달 감	올 래	

쓸 고	다할 진	달 감	올 래		쓸 고	다할 진	달 감	올 래	

옹고집 (壅固執)
억지가 매우 심한 고집.

壅	固	執	억지가 매우 심한 고집.
막힐 **옹**	굳을 **고**	잡을 **집**	

★ **따라 써 보기**

壅	固	執			壅	固	執				
막힐 옹	굳을 고	잡을 집			막힐 옹	굳을 고	잡을 집				

★ **바르게 써 보기**

막힐 **옹**	굳을 **고**	잡을 **집**			막힐 **옹**	굳을 **고**	잡을 **집**				

막힐 **옹**	굳을 **고**	잡을 **집**			막힐 **옹**	굳을 **고**	잡을 **집**				

개과천선(改過遷善)
지나간 잘못을 고치고 착하게 변함.

改	過	遷	善	지나간 잘못을 고치고
고칠 개	지날 과	옮길 천	착할 선	착하게 변함.

改	過	遷	善		改	過	遷	善	
고칠 개	지날 과	옮길 천	착할 선		고칠 개	지날 과	옮길 천	착할 선	

고칠 개	지날 과	옮길 천	착할 선		고칠 개	지날 과	옮길 천	착할 선	

고칠 개	지날 과	옮길 천	착할 선		고칠 개	지날 과	옮길 천	착할 선	

5. 유충렬전
간신, 사필귀정

간신 (奸臣)
간사하고 못된 신하.

奸	臣	간사하고 못된 신하.
범할 **간**	신하 **신**	

奸	臣			奸	臣			奸	臣		
범할 **간**	신하 **신**			범할 **간**	신하 **신**			범할 **간**	신하 **신**		

★ 바르게 써 보기

범할 **간**	신하 **신**			범할 **간**	신하 **신**			범할 **간**	신하 **신**		

범할 **간**	신하 **신**			범할 **간**	신하 **신**			범할 **간**	신하 **신**		

10

사필귀정(事必歸正)

모든 일은 반드시 바른 길로 돌아감.

事	必	歸	正	모든 일은 반드시
일 **사**	반드시 **필**	돌아갈 **귀**	바를 **정**	바른 길로 돌아감.

事	必	歸	正		事	必	歸	正	
일 **사**	반드시 **필**	돌아갈 **귀**	바를 **정**		일 **사**	반드시 **필**	돌아갈 **귀**	바를 **정**	

일 **사**	반드시 **필**	돌아갈 **귀**	바를 **정**		일 **사**	반드시 **필**	돌아갈 **귀**	바를 **정**	

일 **사**	반드시 **필**	돌아갈 **귀**	바를 **정**		일 **사**	반드시 **필**	돌아갈 **귀**	바를 **정**	

도술(道術)

도를 닦아 여러 가지 조화를 부리는 요술이나 술법.

道	術	도를 닦아 여러 가지 조화를
길 **도**	꾀 **술**	부리는 요술이나 술법.

★ **따라 써 보기**

道	術		道	術		道	術	
길 **도**	꾀 **술**		길 **도**	꾀 **술**		길 **도**	꾀 **술**	

★ **바르게 써 보기**

길 **도**	꾀 **술**		길 **도**	꾀 **술**		길 **도**	꾀 **술**	

길 **도**	꾀 **술**		길 **도**	꾀 **술**		길 **도**	꾀 **술**	

신출귀몰 (神出鬼沒)

귀신같이 나타났다 사라졌다 함.

神	出	鬼	沒	귀신같이 나타났다 사라졌다 함.
귀신 **신**	날 **출**	귀신 **귀**	사라질 **몰**	

神	出	鬼	沒		神	出	鬼	沒	
귀신 **신**	날 **출**	귀신 **귀**	사라질 **몰**		귀신 **신**	날 **출**	귀신 **귀**	사라질 **몰**	

귀신 **신**	날 **출**	귀신 **귀**	사라질 **몰**		귀신 **신**	날 **출**	귀신 **귀**	사라질 **몰**	

귀신 **신**	날 **출**	귀신 **귀**	사라질 **몰**		귀신 **신**	날 **출**	귀신 **귀**	사라질 **몰**	

13

치유(治癒)

치료하여 병을 낫게 함.

治	癒	치료하여 병을 낫게 함.
다스릴 **치**	나을 **유**	

★ **따라 써 보기**

治	癒		治	癒		治	癒	
다스릴 **치**	나을 **유**		다스릴 **치**	나을 **유**		다스릴 **치**	나을 **유**	

★ **바르게 써 보기**

다스릴 **치**	나을 **유**		다스릴 **치**	나을 **유**		다스릴 **치**	나을 **유**	

다스릴 **치**	나을 **유**		다스릴 **치**	나을 **유**		다스릴 **치**	나을 **유**	

감언이설(甘言利説)

귀가 솔깃하게 남의 비위를 맞추거나 꾀어내는 말.

甘	言	利	説	귀가 솔깃하게 남의 비위를 맞추거나 꾀어내는 말.
달 감	말씀 언	이로울 이	말씀 설	

⭐ **따라 써 보기**

甘	言	利	説		甘	言	利	説	
달 감	말씀 언	이로울 이	말씀 설		달 감	말씀 언	이로울 이	말씀 설	

⭐ **바르게 써 보기**

달 감	말씀 언	이로울 이	말씀 설		달 감	말씀 언	이로울 이	말씀 설	

달 감	말씀 언	이로울 이	말씀 설		달 감	말씀 언	이로울 이	말씀 설	

8. 춘향전
혼인, 백년해로

혼인(婚姻)
남자와 여자가 부부가 되는 일.

婚	姻	남자와 여자가 부부가 되는 일.
혼인할 **혼**	혼인 **인**	

★ **따라 써 보기**

婚	姻		婚	姻		婚	姻		
혼인할 **혼**	혼인 **인**		혼인할 **혼**	혼인 **인**		혼인할 **혼**	혼인 **인**		

★ **바르게 써 보기**

혼인할 **혼**	혼인 **인**		혼인할 **혼**	혼인 **인**		혼인할 **혼**	혼인 **인**		

혼인할 **혼**	혼인 **인**		혼인할 **혼**	혼인 **인**		혼인할 **혼**	혼인 **인**		

백년해로(百年偕老)

부부가 되어 한평생을 사이좋게 지내고 행복하게 함께 늙음.

百	年	偕	老	부부가 되어 한평생을 사이좋게 지내고 행복하게 함께 늙음.
일백 **백**	해 **년**	함께 **해**	늙을 **로**	

★ **따라 써 보기**

百	年	偕	老		百	年	偕	老	
일백 **백**	해 **년**	함께 **해**	늙을 **로**		일백 **백**	해 **년**	함께 **해**	늙을 **로**	

★ **바르게 써 보기**

일백 **백**	해 **년**	함께 **해**	늙을 **로**		일백 **백**	해 **년**	함께 **해**	늙을 **로**	

일백 **백**	해 **년**	함께 **해**	늙을 **로**		일백 **백**	해 **년**	함께 **해**	늙을 **로**	

서자(庶子)

본부인이 아닌 첩이나 다른 여자에게서 난 아들.

庶	子	본부인이 아닌 첩이나 다른 여자에게서 난 아들.
여러 서	아들 자	

★ 따라 써 보기

庶	子			庶	子			庶	子		
여러 서	아들 자			여러 서	아들 자			여러 서	아들 자		

★ 바르게 써 보기

여러 서	아들 자			여러 서	아들 자			여러 서	아들 자		

여러 서	아들 자			여러 서	아들 자			여러 서	아들 자		

호부호형 (呼父呼兄)

아버지를 아버지라고 부르고 형을 형이라고 부름.

呼	父	呼	兄	아버지를 아버지라고 부르고
부를 **호**	아비 **부**	부를 **호**	맏 **형**	형을 형이라고 부름.

呼	父	呼	兄		呼	父	呼	兄	
부를 **호**	아비 **부**	부를 **호**	맏 **형**		부를 **호**	아비 **부**	부를 **호**	맏 **형**	

부를 **호**	아비 **부**	부를 **호**	맏 **형**		부를 **호**	아비 **부**	부를 **호**	맏 **형**	

부를 **호**	아비 **부**	부를 **호**	맏 **형**		부를 **호**	아비 **부**	부를 **호**	맏 **형**	

10. 금방울전
금령, 부귀영화

금령(金鈴)
금이나 금속으로 만든 방울.

金	鈴	금이나 금속으로 만든 방울.
쇠 금	방울 령	

★ **따라 써 보기**

金	鈴		金	鈴		金	鈴		
쇠 금	방울 령		쇠 금	방울 령		쇠 금	방울 령		

★ **바르게 써 보기**

쇠 금	방울 령		쇠 금	방울 령		쇠 금	방울 령		

쇠 금	방울 령		쇠 금	방울 령		쇠 금	방울 령		

부귀영화(富貴榮華)

많은 재산과 높은 지위로 누릴 수 있는 영광스럽고 호사스러운 생활.

富	貴	榮	華	영광스럽고 호사스러운 생활.
부자 **부**	귀할 **귀**	꽃 **영**	빛날 **화**	

富	貴	榮	華		富	貴	榮	華	
부자 **부**	귀할 **귀**	꽃 **영**	빛날 **화**		부자 **부**	귀할 **귀**	꽃 **영**	빛날 **화**	

부자 **부**	귀할 **귀**	꽃 **영**	빛날 **화**		부자 **부**	귀할 **귀**	꽃 **영**	빛날 **화**	

부자 **부**	귀할 **귀**	꽃 **영**	빛날 **화**		부자 **부**	귀할 **귀**	꽃 **영**	빛날 **화**	

장군(將軍)

군을 지휘하고 통솔하는 무관.

將	軍	군을 지휘하고 통솔하는 무관.
장수 **장**	군사 **군**	

★ **따라 써 보기**

將	軍		將	軍		將	軍	
장수 **장**	군사 **군**		장수 **장**	군사 **군**		장수 **장**	군사 **군**	

★ **바르게 써 보기**

장수 **장**	군사 **군**		장수 **장**	군사 **군**		장수 **장**	군사 **군**	

장수 **장**	군사 **군**		장수 **장**	군사 **군**		장수 **장**	군사 **군**	

괄목상대(刮目相對)

눈을 비비고 상대방을 본다는 뜻으로, 남의 학식이나
재주가 놀랄 만큼 부쩍 늘었음을 이르는 말.

刮	目	相	對	눈을 비비고
비빌 **괄**	눈 **목**	서로 **상**	대할 **대**	상대방을 본다.

刮	目	相	對		刮	目	相	對	
비빌 **괄**	눈 **목**	서로 **상**	대할 **대**		비빌 **괄**	눈 **목**	서로 **상**	대할 **대**	

비빌 **괄**	눈 **목**	서로 **상**	대할 **대**		비빌 **괄**	눈 **목**	서로 **상**	대할 **대**	

비빌 **괄**	눈 **목**	서로 **상**	대할 **대**		비빌 **괄**	눈 **목**	서로 **상**	대할 **대**	

애정(愛情)
사랑하는 마음.

愛	情	사랑하는 마음.
사랑 애	뜻 정	

★ **따라 써 보기**

愛	情		愛	情		愛	情		
사랑 애	뜻 정		사랑 애	뜻 정		사랑 애	뜻 정		

★ **바르게 써 보기**

사랑 애	뜻 정		사랑 애	뜻 정		사랑 애	뜻 정		

사랑 애	뜻 정		사랑 애	뜻 정		사랑 애	뜻 정		

오매불망(寤寐不忘)

자나 깨나 잊지 못함.

寤	寐	不	忘	자나 깨나 잊지 못함.
깰 **오**	잠잘 **매**	아니 **불**	잊을 **망**	

☆ **따라 써 보기**

寤	寐	不	忘		寤	寐	不	忘	
깰 **오**	잠잘 **매**	아니 **불**	잊을 **망**		깰 **오**	잠잘 **매**	아니 **불**	잊을 **망**	

☆ **바르게 써 보기**

깰 **오**	잠잘 **매**	아니 **불**	잊을 **망**		깰 **오**	잠잘 **매**	아니 **불**	잊을 **망**	

깰 **오**	잠잘 **매**	아니 **불**	잊을 **망**		깰 **오**	잠잘 **매**	아니 **불**	잊을 **망**	

국학(國學)

고려 시대 선비들을 모아 교육시키던 중앙의 교육 기관.

國	學	고려 시대 선비들을 모아 교육시키던 중앙의 교육 기관.
나라 **국**	배울 **학**	

★ **따라 써 보기**

國	學			國	學			國	學		
나라 국	배울 학			나라 국	배울 학			나라 국	배울 학		

★ **바르게 써 보기**

나라 **국**	배울 **학**			나라 **국**	배울 **학**			나라 **국**	배울 **학**		

나라 **국**	배울 **학**			나라 **국**	배울 **학**			나라 **국**	배울 **학**		

백년가약 (百年佳約)

**젊은 남녀가 결혼하여 백 년을 잘 살겠다고
다짐하는 아름다운 약속.**

百	年	佳	約	젊은 남녀가 결혼하여 백 년을 잘
일백 **백**	해 **년**	아름다울 **가**	약속 **약**	살겠다고 다짐하는 아름다운 약속.

★ **따라 써 보기**

百	年	佳	約		百	年	佳	約	
일백 **백**	해 **년**	아름다울 **가**	약속 **약**		일백 **백**	해 **년**	아름다울 **가**	약속 **약**	

★ **바르게 써 보기**

일백 **백**	해 **년**	아름다울 **가**	약속 **약**		일백 **백**	해 **년**	아름다울 **가**	약속 **약**	

일백 **백**	해 **년**	아름다울 **가**	약속 **약**		일백 **백**	해 **년**	아름다울 **가**	약속 **약**	

문상(問喪)

남의 죽음에 대해 슬퍼하고 상주를 위문함.

問	喪	남의 죽음에 대해 슬퍼하고
물을 문	죽을 상	상주를 위문함.

⭐ **따라 써 보기**

問	喪		問	喪		問	喪	
물을 문	죽을 상		물을 문	죽을 상		물을 문	죽을 상	

⭐ **바르게 써 보기**

물을 문	죽을 상		물을 문	죽을 상		물을 문	죽을 상	

물을 문	죽을 상		물을 문	죽을 상		물을 문	죽을 상	

고집불통 (固執不通)

조금의 융통성도 없이 자기주장만 계속 내세우는 사람.

固	執	不	通	조금의 융통성도 없이
굳을 고	잡을 집	아니 불	통할 통	자기주장만 계속 내세우는 사람.

固	執	不	通		固	執	不	通	
굳을 고	잡을 집	아니 불	통할 통		굳을 고	잡을 집	아니 불	통할 통	

굳을 고	잡을 집	아니 불	통할 통		굳을 고	잡을 집	아니 불	통할 통	

굳을 고	잡을 집	아니 불	통할 통		굳을 고	잡을 집	아니 불	통할 통	

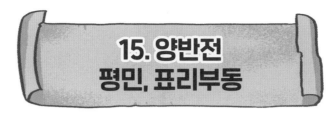

15. 양반전
평민, 표리부동

평민(平民)
예전 계급 사회에서 벼슬이 없는 일반 백성.

平	民	예전 계급 사회에서
평평할 **평**	백성 **민**	벼슬이 없는 일반 백성.

 **따라 써 보기**

平	民		平	民		平	民	
평평할 **평**	백성 **민**		평평할 **평**	백성 **민**		평평할 **평**	백성 **민**	

⭐ **바르게 써 보기**

평평할 **평**	백성 **민**		평평할 **평**	백성 **민**		평평할 **평**	백성 **민**	

평평할 **평**	백성 **민**		평평할 **평**	백성 **민**		평평할 **평**	백성 **민**	

표리부동 (表裏不同)

겉으로 드러나는 것과 속으로 가지는 생각이 다름.
겉과 속이 다름을 이르는 말.

表	裏	不	同	겉과 속이 다름.
겉 표	속 리	아니 부	같을 동	

★ 따라 써 보기

表	裏	不	同		表	裏	不	同	
겉 표	속 리	아니 부	같을 동		겉 표	속 리	아니 부	같을 동	

★ 바르게 써 보기

겉 표	속 리	아니 부	같을 동		겉 표	속 리	아니 부	같을 동	

겉 표	속 리	아니 부	같을 동		겉 표	속 리	아니 부	같을 동	

박대(薄待)

인정 없이 모질고 아무렇게나 대함.

薄	待	인정 없이 모질고 아무렇게나 대함.
엷을 **박**	대우할 **대**	

☆ 따라 써 보기

薄	待		薄	待		薄	待	
엷을 **박**	대우할 **대**		엷을 **박**	대우할 **대**		엷을 **박**	대우할 **대**	

☆ 바르게 써 보기

엷을 **박**	대우할 **대**		엷을 **박**	대우할 **대**		엷을 **박**	대우할 **대**	

엷을 **박**	대우할 **대**		엷을 **박**	대우할 **대**		엷을 **박**	대우할 **대**	

절세미인(絶世美人)

세상에 견줄 만한 사람이 없을 정도로 아름다운 여인.

絶	世	美	人	세상에 견줄 만한 사람이 없을 정도로 아름다운 여인.
끊을 **절**	세상 **세**	아름다울 **미**	사람 **인**	

絶	世	美	人		絶	世	美	人	
끊을 **절**	세상 **세**	아름다울 **미**	사람 **인**		끊을 **절**	세상 **세**	아름다울 **미**	사람 **인**	

끊을 **절**	세상 **세**	아름다울 **미**	사람 **인**		끊을 **절**	세상 **세**	아름다울 **미**	사람 **인**	

끊을 **절**	세상 **세**	아름다울 **미**	사람 **인**		끊을 **절**	세상 **세**	아름다울 **미**	사람 **인**	

쟁론(爭論)
서로 다투어 토론함.

爭	論	서로 다투어 토론함.
다툴 쟁	말할 론	

★ 따라 써 보기

爭	論			爭	論			爭	論		
다툴 쟁	말할 론			다툴 쟁	말할 론			다툴 쟁	말할 론		

★ 바르게 써 보기

다툴 쟁	말할 론			다툴 쟁	말할 론			다툴 쟁	말할 론		

다툴 쟁	말할 론			다툴 쟁	말할 론			다툴 쟁	말할 론		

규중칠우(閨中七友)

여인이 바느질할 때 사용한 일곱 가지 도구.
바늘, 실, 인두, 골무, 가위, 자, 다리미를 이른다.

閨	中	七	友	여인이 바느질할 때 사용한 일곱 가지 도구.
부녀자 **규**	가운데 **중**	일곱 **칠**	벗 **우**	

여인이 바느질할 때 사용한 일곱 가지 도구.

★ 따라 써 보기

閨	中	七	友		閨	中	七	友	
부녀자 **규**	가운데 **중**	일곱 **칠**	벗 **우**		부녀자 **규**	가운데 **중**	일곱 **칠**	벗 **우**	

★ 바르게 써 보기

부녀자 **규**	가운데 **중**	일곱 **칠**	벗 **우**		부녀자 **규**	가운데 **중**	일곱 **칠**	벗 **우**	

부녀자 **규**	가운데 **중**	일곱 **칠**	벗 **우**		부녀자 **규**	가운데 **중**	일곱 **칠**	벗 **우**	

상석(上席)

일터나 모임 따위에서의 윗자리.

上	席	일터나 모임 따위에서의 윗자리.
위 **상**	자리 **석**	

★ **따라 써 보기**

上	席		上	席		上	席	
위 **상**	자리 **석**		위 **상**	자리 **석**		위 **상**	자리 **석**	

★ **바르게 써 보기**

위 **상**	자리 **석**		위 **상**	자리 **석**		위 **상**	자리 **석**	

위 **상**	자리 **석**		위 **상**	자리 **석**		위 **상**	자리 **석**	

36

포복절도 (抱腹絶倒)

배를 부둥켜안고 넘어질 정도로 몹시 웃음.

抱	腹	絶	倒	배를 부둥켜안고 넘어질
안을 **포**	배 **복**	끊을 **절**	넘어질 **도**	정도로 몹시 웃음.

抱	腹	絶	倒		抱	腹	絶	倒	
안을 **포**	배 **복**	끊을 **절**	넘어질 **도**		안을 **포**	배 **복**	끊을 **절**	넘어질 **도**	

안을 **포**	배 **복**	끊을 **절**	넘어질 **도**		안을 **포**	배 **복**	끊을 **절**	넘어질 **도**	

안을 **포**	배 **복**	끊을 **절**	넘어질 **도**		안을 **포**	배 **복**	끊을 **절**	넘어질 **도**	

19. 허생전
거부, 매점매석

거부(巨富)
대단히 큰 부자.

巨	富	대단히 큰 부자.
클 거	부자 부	

★ 따라 써 보기

巨	富			巨	富			巨	富		
클 거	부자 부			클 거	부자 부			클 거	부자 부		

★ 바르게 써 보기

클 거	부자 부			클 거	부자 부			클 거	부자 부		

클 거	부자 부			클 거	부자 부			클 거	부자 부		

매점매석(買占賣惜)

물건 값이 오를 것을 예상하여 한꺼번에 사서 쌓아 둠.

買	占	賣	惜	물건 값이 오를 것을 예상하여 한꺼번에 사서 쌓아 둠.
살 매	차지할 점	팔 매	아낄 석	

買	占	賣	惜		買	占	賣	惜	
살 매	차지할 점	팔 매	아낄 석		살 매	차지할 점	팔 매	아낄 석	

★ 바르게 써 보기

살 매	차지할 점	팔 매	아낄 석		살 매	차지할 점	팔 매	아낄 석	

살 매	차지할 점	팔 매	아낄 석		살 매	차지할 점	팔 매	아낄 석	

과부(寡婦)

남편이 죽고 혼자 사는 여자.

寡	婦
적을 **과**	아내 **부**

남편이 죽고 혼자 사는 여자.

⭐ **따라 써 보기**

寡	婦		寡	婦		寡	婦	
적을 **과**	아내 **부**		적을 **과**	아내 **부**		적을 **과**	아내 **부**	

⭐ **바르게 써 보기**

적을 **과**	아내 **부**		적을 **과**	아내 **부**		적을 **과**	아내 **부**	

적을 **과**	아내 **부**		적을 **과**	아내 **부**		적을 **과**	아내 **부**	

언중유골(言中有骨)

말 속에 뼈가 있다는 말로 예사로운 말 같으나 그 속뜻은 예사롭지 않음.

言	中	有	骨	말 속에 뼈가 있다.
말씀 **언**	가운데 **중**	있을 **유**	뼈 **골**	

★ **따라 써 보기**

言	中	有	骨		言	中	有	骨	
말씀 **언**	가운데 **중**	있을 **유**	뼈 **골**		말씀 **언**	가운데 **중**	있을 **유**	뼈 **골**	

★ **바르게 써 보기**

말씀 **언**	가운데 **중**	있을 **유**	뼈 **골**		말씀 **언**	가운데 **중**	있을 **유**	뼈 **골**	

말씀 **언**	가운데 **중**	있을 **유**	뼈 **골**		말씀 **언**	가운데 **중**	있을 **유**	뼈 **골**	

출두 (出頭)

**(암행어사가 중요한 사건을 처리하기 위해)
어떤 곳에 직접 나감.**

出	頭	어떤 곳에 직접 나감.
날 **출**	머리 **두**	

★ 따라 써 보기

出	頭		出	頭		出	頭		
날 **출**	머리 **두**		날 **출**	머리 **두**		날 **출**	머리 **두**		

★ 바르게 써 보기

날 **출**	머리 **두**		날 **출**	머리 **두**		날 **출**	머리 **두**		

날 **출**	머리 **두**		날 **출**	머리 **두**		날 **출**	머리 **두**		

암행어사 (暗行御史)

조선시대 임금의 특명을 받아 백성을 살피고
지방관을 감찰하던 벼슬.

暗	行	御	史	백성을 살피고
어두울 **암**	갈 **행**	다스릴 **어**	사관 **사**	지방관을 감찰하던 벼슬.

暗	行	御	史		暗	行	御	史	
어두울 **암**	갈 **행**	다스릴 **어**	사관 **사**		어두울 **암**	갈 **행**	다스릴 **어**	사관 **사**	

어두울 **암**	갈 **행**	다스릴 **어**	사관 **사**		어두울 **암**	갈 **행**	다스릴 **어**	사관 **사**	

어두울 **암**	갈 **행**	다스릴 **어**	사관 **사**		어두울 **암**	갈 **행**	다스릴 **어**	사관 **사**	

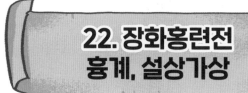
흉계(凶計)

음흉한 꾀.

凶	計	음흉한 꾀.
흉할 **흉**	꾀 **계**	

 **따라 써 보기**

凶	計		凶	計		凶	計	
흉할 **흉**	꾀 **계**		흉할 **흉**	꾀 **계**		흉할 **흉**	꾀 **계**	

★ **바르게 써 보기**

흉할 **흉**	꾀 **계**		흉할 **흉**	꾀 **계**		흉할 **흉**	꾀 **계**	

흉할 **흉**	꾀 **계**		흉할 **흉**	꾀 **계**		흉할 **흉**	꾀 **계**	

설상가상 (雪上加霜)

눈 위에 서리가 덮인다는 뜻으로
안 좋은 일이 잇달아 일어남을 이르는 말.

雪	上	加	霜	눈 위에 서리가 덮인다.
눈 설	위 상	더할 가	서리 상	

雪	上	加	霜		雪	上	加	霜	
눈 설	위 상	더할 가	서리 상		눈 설	위 상	더할 가	서리 상	

눈 설	위 상	더할 가	서리 상		눈 설	위 상	더할 가	서리 상	

눈 설	위 상	더할 가	서리 상		눈 설	위 상	더할 가	서리 상	

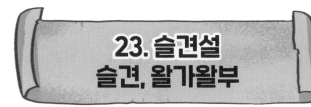

23. 슬견설
슬견, 왈가왈부

슬견(虱犬)
머릿니와 개.

虱	犬	머릿니와 개.
머릿니 슬	개 견	

⭐ **따라 써 보기**

虱	犬			虱	犬			虱	犬		
머릿니 슬	개 견			머릿니 슬	개 견			머릿니 슬	개 견		

⭐ **바르게 써 보기**

머릿니 슬	개 견			머릿니 슬	개 견			머릿니 슬	개 견		

머릿니 슬	개 견			머릿니 슬	개 견			머릿니 슬	개 견		

왈가왈부 (曰可曰否)

어떤 일에 대해 옳으니 그르니 말하는 것.

曰	可	曰	否	어떤 일에 대해 옳으니
말할 **왈**	옳을 **가**	말할 **왈**	아닐 **부**	그르니 말하는 것.

★ **따라 써 보기**

曰	可	曰	否		曰	可	曰	否	
말할 **왈**	옳을 **가**	말할 **왈**	아닐 **부**		말할 **왈**	옳을 **가**	말할 **왈**	아닐 **부**	

★ **바르게 써 보기**

말할 **왈**	옳을 **가**	말할 **왈**	아닐 **부**		말할 **왈**	옳을 **가**	말할 **왈**	아닐 **부**	

말할 **왈**	옳을 **가**	말할 **왈**	아닐 **부**		말할 **왈**	옳을 **가**	말할 **왈**	아닐 **부**	

독서 쑥쑥 논술 쑥쑥

초등 고전문학

古典文學

독서 쑥쑥 논술 쑥쑥
초등 고전문학

'고전교육의 대가' 송재환 선생님의
초중고 교과서 및 수능 연계 필수 우리 고전 23선

 송재환 글 | 인호빵 그림

위즈덤하우스

어린이 여러분 안녕하세요! 저는 현재 초등학교에서 25년째 아이들을 가르치고 있습니다. 초등 학생들의 가장 큰 고민은 '공부'와 '친구 관계'인 듯합니다. 물론 다른 고민거리가 있는 친구들도 있을 것입니다. 여러분들의 가장 큰 고민인 공부와 친구 관계를 잘 해결하는 방법은 없을까요? 아마 있다면 그 방법을 당장 알려 달라고 하는 친구들도 많을 것입니다.

공부와 친구 관계를 동시에 잡는 좋은 방법 한 가지 알려드릴까요? 바로 책읽기입니다. 책을 읽으면 어휘력이나 문해력이 좋아져서 공부를 잘할 수 있습니다. 뿐만 아니라 이야기 속에 등 장하는 많은 등장인물들의 모습들을 보면서 타인을 바라보는 시각이 넓어지고 공감하는 능력 이 자라나 친구 관계가 좋아질 수 있습니다. 아마 책을 많이 읽고 있는 친구라면 선생님 말에 고개가 끄덕여질 거라 생각합니다.

책 중에서도 고전문학을 읽으면 효과를 더욱 확실하게 볼 수 있다고 생각합니다. 여러분 중 「콩쥐팥쥐전」, 「심청전」, 「홍부전」과 같은 작품을 들어 보셨나요? 왜 우리를 무시하느냐는 소리 가 여기까지 들리는 듯합니다. 이와 같이 옛날부터 지금까지 많은 사람들의 사랑을 받는 작품 을 고전문학이라고 부릅니다. 고전문학은 중고등학교에 가면 국어책 지문으로 정말 많이 나옵 니다. 때문에 초등학교 때 미리 읽어 보면 중고등학교 때 공부하는 데 큰 도움을 받습니다. 또한 고전문학에는 다양한 등장인물들이 나옵니다. 도술을 자유자재로 부리는 홍길동과 전우치, 효성이 지극한 심청, 착한 흥부, 심술쟁이 놀부와 옹고집 등 수많은 인물들이 나옵니다. 이런 인물들이 펼쳐 가는 이야기를 읽다 보면 나도 모르게 인간을 보는 폭이 넓어집니다. 자연스럽게 친구 관계도 넓어지고 좋아질 수 있습니다.

고전문학을 읽어 보고 싶은 친구가 있다면 이 책을 통해 접해 보기 바랍니다. 이 책에는 23개의 고전문학 작품이 소개되어 있습니다. 여러분이 가장 좋아하는 만화와 더불어 말입니다. 책을 잘 읽어 가면서 공부하다 보면 고전문학 작품에 대한 배경지식이 늘어나 친구들과 대화하면서 지식을 뽐내는 데 큰 도움이 될 겁니다. 그리고 정말 관심이 가는 작품을 발견하면 해당 작품 책을 구입해서 한번 읽어 보기 바랍니다. 여러분 인생에 큰 도움이 될 것입니다.

고전문학 작품들은 몇 백 년 이상 전해 내려온 우리 조상들의 유산입니다. 이런 귀한 작품을 읽고 여러분도 고전문학 작품에 등장하는 주인공들처럼 슬기롭고 용감하게 살아가는 친구들이 되길 바랍니다. 행복하세요. 행복한 사람이 세상을 아름답게 변화시킬 수 있습니다.

초등교사작가 송재환

이 책은 어떻게 구성되어 있을까?

이 책은 초등학생들에게 낯설고 어렵게 느껴질 수 있는 고전문학을 쉽고 재미있게 다가 갈 수 있도록 다음과 같이 구성되어 있습니다.

만화 고전문학

고전문학 이야기 중 흥미로운 부분이나 중요한 부분을 재미있는 만화로 소개했습니다. 아이들에게 이 책을 보여 주면 분명 이 부분만 골라서 읽을지도 모릅니다. 하지만 괜찮 습니다. 만화를 읽으면서 작품의 제목이나 내용을 알게 되고 작품에 대한 호기심을 가 지게 될 테니까요.

줄거리 파악하기

작품 대강의 줄거리를 소개한 부분입니다. 고전문학 대부분 한 가지 판본이 존재하지 않고 여러 개의 판본이 존재합니다. 어떤 이야기는 100개가 넘는 판본이 존재하기도 합 니다. 때문에 어떤 하나의 판본만을 원작이라 말할 수 없습니다. 때문에 이번 책에서는 가장 일반적으로 많이 알려진 내용을 중심으로, 아이들 눈높이에 맞춰 소개했습니다. 내용 중 너무 자극적이거나 선정적인 부분들은 독자를 고려하여 순화해서 소개하거나 생략했습니다. 작품에 대한 이해도를 높이기 위해 가급적이면 한 번만 읽지 말고 두세 번 반복해서 읽어 보는 것을 추천합니다.

자세히 알아보기

흔히 인물, 배경, 사건을 이야기의 3요소로 꼽습니다. 이 중에서 사건은 줄거리를 통해 간략히 소개했습니다. 인물과 배경은 작품을 좀 더 잘 이해하기 위해 세세하게 따져 봐야 합니다. 그냥 간과하지 말고 꼼꼼하게 읽어 보면 작품 이해에 도움이 됩니다. 더불어 세 가지 정도의 작품 특징을 소개했습니다. 이 부분은 중고등학교라면 시험에 나올 법한 지식에 해당합니다. 눈여겨봐 둔다면 나중에 큰 도움을 받을 수 있을 것입니다.

오늘의 퀴즈

오늘 공부한 고전문학 작품에 대한 퀴즈를 공부하는 코너입니다. 문제는 어렵지 않습니다. 별도의 답지를 통해 정답 확인이 가능합니다.

오늘의 낱말 익히기

고전문학은 어휘력을 높이기에 아주 좋은 도구입니다. 작품의 내용과 가장 관련이 있는 핵심 낱말 중에서 어려운 낱말을 소개하였습니다. 해당 낱말과 비슷한 낱말과 반대되는 낱말도 소개했으니 병행해서 공부하면 더욱 효율적입니다.
고전문학은 주제가 명확하기 때문에 관련 사자성어를 익히기에 매우 좋습니다. 책 내용이나 주제와 관련된 사자성어를 한 개씩 소개했습니다. 한자로도 써 보고 사자성어의 활용도를 높이기 위해 사자성어가 들어간 문장 쓰기도 곁들였습니다.

문장 쓰기는 어휘의 활용도를 높여 줄 뿐만 아니라 좋은 글을 쓸 수 있게 도와줍니다. 좋은 글은 좋은 문장에서부터 시작하니까요.

상상하고 써 보기

내가 ○○이라면

창의력과 상상력은 책읽기가 주는 아주 귀한 선물입니다. 책을 읽어 가는 과정에서 자신도 모르게 창의력과 상상력이 좋아지기 마련입니다. 하지만 책을 다 읽은 후에 창의력과 상상력을 아주 크게 올려 주는 방법이 있습니다. 바로 '내가 ○○이라면'과 같은 활동을 해 보는 것입니다. 책의 주인공이나 등장인물이 되어 그 상황 속으로 들어가 '나라면 어떻게 했을까'를 생각해 봅시다. 이 과정에서 창의력과 상상력이 눈에 띄게 좋아집니다. 뿐만 아니라 자기가 생각한 것을 정리해 적어 보면서 글쓰기 능력을 향상시킬 수 있습니다.

내 생각 적어 보기

책을 읽는 가장 큰 목적은 사고력을 높이기 위한 것이라 생각합니다. 책을 읽고 사고력을 높이기 위해서는 책을 읽은 후, 책과 관련된 질문에 관한 답변을 생각해 보고 그 생각을 써 보는 것입니다. 이런 활동은 사고력과 표현력을 높이는 데 더없이 좋은 활동입니다. 고전문학은 우리에게 수준 높은 질문을 던집니다. 그리고 그런 질문에 대해 생각하는 과정에서 자신도 모르게 사고가 깊고 넓어지게 됩니다.

쉬어 가는 마당

고전문학과 관련한 다양한 독후 활동 자료를 부록에 담았습니다. 대부분 쉽게 할 수 있는 활동들입니다. 책의 맨 뒤에 있다 보니, 맨 나중에 하다 보면 숙제처럼 느껴질 수 있습니다. 책을 공부하는 중간중간 틈날 때 한 개씩 하면 재미있게 할 수 있습니다.

차례

권선징악(勸善懲惡)이란 '착한 것을 권하고 악한 것을 징벌한다'는 뜻입니다. 쉽게 말해 착한 사람은 복을 받고 나쁜 사람은 벌을 받는다는 뜻입니다. 권선징악은 우리 옛이야기 밑바탕에 깔려 있는 가장 기본적인 정서 중 하나입니다.

우리 조상들은 왜 그렇게 착하게 사는 것을 강조했을까요? 착하게 사는 것이 결코 쉽지 않아서 그런 것은 아닐까요? 『명심보감』이라는 책의 첫 장이 바로 '착하게 살아라'입니다. 이 장에 '하루라도 착한 일을 생각하지 않으면 온갖 나쁜 일이 저절로 생겨난다'라는 말이 있습니다. '나쁜 짓만 하지 않고 살아가면 되지 않나'라는 생각을 할 수도 있지만, 사람은 착한 일을 하지 않으면 자연스레 나쁜 짓을 하기 마련입니다. 그래서 우리 조상들은 착하게 사는 것을 강조한 것입니다.

착하게 사는 것이 손해 보는 것 같은 순간이 있을 것입니다. 하지만 그렇지 않습니다. 착함을 꾸준하게 실천하면서 살아 보세요. 반드시 복 받는 인생이 될 것입니다. 옛 이야기들을 통해 확인해 보고 인생을 살아가면서 주변 사람들을 잘 살펴보기 바랍니다.

1장

선조에게 배우는
권선징악

흥부전

착한 사람 복을 받고 나쁜 사람 벌을 받는다

\#. 놀부네 집

뭐? 흥부가 부자가 됐다고?

고작, 제비 한 마리 도와줘서?

며칠 후

퍽!

잡았다!!

오 마이 갓!!!

흐흐흐~ 빨리 나아서 박씨를 물고 오너라~ 흐흐~

\#. 이듬해 봄

푸드푸드

응?

옛날 전라도 어느 마을에 욕심 많고 심술궂은 형 놀부와 착하고 어진 동생 흥부가 살고 있었습니다. 어느 날, 놀부와 흥부의 부모님이 돌아가시자 놀부는 동생 흥부를 내쫓아 버리고 집과 재산을 모두 차지했습니다. 쫓겨난 흥부는 아내와 스물아홉 명이나 되는 자식들을 데리고 언덕에 움집을 짓고 살았는데 너무 가난해서 헐벗고 굶주리며 살았습니다.

흥부는 너무 배고픈 나머지 형 놀부 집에 가서 쌀을 구하려고 했지만 놀부 아내는 밥주걱으로 흥부의 뺨을 후려치고 놀부는 몽둥이찜질을 합니다. 흥부는 매를 대신 맞아 주고 돈을 받는 '매품'을 해서라도 곡식을 구하려고 했지만, 이마저도 하려는 사람이 많아 흥부 차례가 오지 않았습니다. 흥부는 그야말로 찢어지게 가난한 삶을 이어 갔습니다.

어느 해 봄에 흥부네 집 처마 밑에 제비가 집을 짓고 새끼를 키웠습니다. 그런데 새끼 한 마리가 땅에 떨어져 다리가 부러지고 말았습니다. 흥부는 이를 불쌍히 여겨 다리를 고쳐 줍니다. 이듬해 봄이 되었을 때 강남 갔던 제비가 은혜를 갚기 위해 박씨를 하나 물고 왔습니다. 그 박씨를 심어 가을에 큰 박을 땄는데 그 속에는 각종 금은보화가 가득 나와 흥부는 큰 부자가 되었습니다.

형 놀부가 이 소식을 듣고 배가 아파 제비를 억지로 잡아다가 새끼를 낳게 하고 다리도 일부러 똑 부러뜨려 치료해 주었습니다. 이듬해 봄에 역시 제비가 박씨를 하나 물고 왔습니다. 놀부는 그 박씨를 심어 가을에 큰 박을 땄는데 그 속에서는 금은보화 대신 빚쟁이, 거지 떼 등이 나와 놀부는 하루아침에 알거지가 됩니다.

흥부는 형 놀부가 알거지가 되었다는 소식을 듣고 형을 찾아가 따뜻하게 위로하고 자기 재산의 절반을 나눠 줍니다. 이에 놀부는 그간의 잘못을 빌고 잘못을 뉘우치게 됩니다. 그 뒤로 형제는 사이 좋게 한 평생을 화목하게 살게 되었답니다.

자세히 알아보기

등장인물

흥부
끼니를 제대로 잇지 못할 만큼 가난하지만 착하고 마음씨가 곱습니다. 형 놀부에게 온갖 괴롭힘을 당하지만 제비 다리를 고쳐 주고 복을 받아 엄청난 부자가 됩니다.

놀부
흥부 형으로 욕심 많고 심술궂기로 둘째가라면 서러울 정도입니다. 부모의 유산을 혼자 독차지하고 동생을 내쫓기까지 합니다. 동생 흥부처럼 제비 다리를 고쳐 주고 복을 받으려다 오히려 벌을 받고 쫄딱 망합니다.

제비
흥부네 집 처마에 집을 짓고 살다 다리가 부러지지만 흥부의 도움으로 살아납니다. 잊지 않고 흥부에게 박씨를 선물해서 은혜를 갚습니다. 하지만 자신에게 못된 짓을 한 놀부에게는 벌을 줍니다.

배경

시간   조선 시대   **장소**   전라도 어느 고을

작품 특징

◈ 조선 시대 지어진 한글 소설이며 판소리 '흥보가'를 소설로 만든 것입니다.
◈ 이야기가 만들어진 정확한 시기와 작가는 알려지지 않았습니다.
◈ 익살스럽고 우스꽝스러운 장면과 대사가 많아 해학적입니다.

오늘의 퀴즈

제비 다리를 고쳐준 흥부에게 제비는 은혜를 갚기 위해 이듬해 봄에 무엇을 물어다 주었나요?

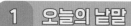

1   오늘의 낱말

선행善行

뜻 착하고 어진 행동.
비 착한 일, 가행, 덕행
반 악행

권선징악勸善懲惡

뜻 착한 일을 권장하고 악한 일을 징계함.
비 인과응보因果應報, 자업자득自業自得

2   한자로 써 보고 익히기

善	行		善	行		善	行	
착할 **선**	갈 **행**		착할 **선**	갈 **행**		착할 **선**	갈 **행**	

勸	善	懲	惡	勸	善	懲	惡
권할 **권**	착할 **선**	혼날 **징**	악할 **악**	권할 **권**	착할 **선**	혼날 **징**	악할 **악**

'착한 일을 권하고, 악한 일을 징계한다'라는 뜻의 사자성어인 '권선징악'을 한자로 적어 보세요.

3   낱말 넣어 문장 만들기

선행 : 놀부는 선행으로 복을 받았다.

내가 만든 문장

권선징악 : 흥부전은 권선징악을 주제로 한 이야기이다.

내가 만든 문장

상상하고 써 보기

1 내가 제비라면

놀부는 제비가 물어다 준 박씨 덕분에 흥부가 큰 부자가 되었다는 소문을 들었습니다. 놀부는 샘이 나고 배가 아파 견딜 수가 없었습니다. 그래서 제비를 잡아다가 고의로 제비 다리를 똑 부러뜨리고서는 슬픈 척하며 상처를 치료해 줍니다. 제비는 이에 대한 벌로 놀부에게 박씨를 물어다 주는데, 이 박에서는 빚을 받으러 온 노인, 거지 떼 등이 나와 놀부는 쫄딱 망하고 알거지가 됩니다. 만약 내가 제비라면 놀부에게 어떤 박씨를 물어다 줬을지 생각해 보고 그 이유를 적어 보세요.

_____

_____

_____

2 내 생각 적어 보기

「흥부전」은 착하고 어진 흥부는 복을 받고, 욕심 많고 심술궂은 놀부는 벌을 받는다는 권선징악(勸善懲惡) 내용이 강합니다. 어떤 사람이 복을 받고, 어떤 사람이 벌을 받아야 하는지 적어 보고 그 까닭도 적어 보세요.

_____

_____

_____

_____

_____

19

심청전

공양미 삼백 석에 몸을 던진 효녀 심청

#. 바닷속 용궁

맹인을 위한 잔치를 다 열어 주시고... 참 고마운 일이야~!

맹인을 위한 잔치?

아버지!!

아버지? 내 딸 청이냐?

아! 아니, 얘는 내 딸이오!

아버지~~

아버지~~ 제가 심청이어요!

아이고~ 내 딸 청아~~! 네가 살아 있었구나!

헉! 청아!! 보인다! 네가 보여~~

어흐흑~ 아버지~~

옛날 황주 도화동이라는 곳에 앞을 못 보는 심학규라는 봉사와 곽씨 부인이 살았습니다. 늦은 나이에 어렵사리 딸 심청을 얻었지만 곽씨 부인은 딸을 낳은 7일 날 만에 죽고 맙니다. 심 봉사는 어린 심청을 데리고 이 집 저 집 젖동냥을 다니며 어렵게 키웁니다.

착하고 효성이 지극한 딸로 자란 심청이 어느덧 열여섯 살이 되었을 때입니다. 일 잘하기로 소문난 심청은 이웃 마을 장 승상 댁에 불려가 일을 하고 장 승상 부인은 심청이 마음에 들어 수양딸로 삼고자 합니다. 한편 심 봉사는 귀가가 늦은 심청이를 찾아 나섰다가 개울에 빠지고 맙니다. 지나가던 스님이 심 봉사를 구해 주고 공양미 삼백 석을 부처님께 바치면 눈을 뜰 수 있다고 말합니다. 이에 심 봉사는 시주를 약속하고 맙니다.

공양미 삼백 석을 구할 길이 없던 어느 날, 뱃사람들이 인당수에 재물로 바칠 처녀를 구한다는 말에 심청은 자신이 가겠다고 나섭니다. 심청은 공양미 삼백 석에 팔려 가 인당수에 빠져 죽게 되고 심 봉사는 마음씨 고약한 뺑덕 어미에게 속아 더욱 어려운 처지에 놓이게 됩니다.

한편 인당수에 빠진 심청은 그 효심에 감복한 용왕이 다시 살려 주어 용궁에서 지내게 됩니다. 용궁에서 3년을 지내다가 심청은 연꽃에 태워져 다시 세상으로 나오게 됩니다. 심청이 타고 있던 연꽃은 황제에게 바쳐지고, 황제는 연꽃 속에서 나온 심청의 효심과 아름다움에 반해 황후로 맞이합니다.

황후가 된 심청은 아버지 심 봉사를 찾기 위해 맹인들을 위한 큰 잔치를 벌입니다. 심 봉사도 우여곡절 끝에 잔치 마지막 날 겨우 참가하게 됩니다. 마침내 다시 만나게 된 심 봉사와 심청은 서로 부둥켜안고 기쁨의 눈물을 흘립니다. 심 봉사는 딸을 보고 싶은 마음에 눈에 힘을 주고 비비다가 마침내 눈을 뜨게 됩니다. 이때 놀랍게도 심 봉사뿐만 아니라 주변에 있던 맹인들까지 모두 눈을 뜨게 됩니다. 이후 심 봉사와 심청은 같이 오랫동안 행복하게 살았습니다.

자세히 알아보기

등장인물

심청	갓난아기 때 엄마가 죽고 아버지인 심 봉사가 이 집 저 집 돌면서 젖동냥을 해서 키웁니다. 어려운 형편 속에서도 효성이 지극하고 착하며 기품과 예의가 넘칩니다. 아버지를 위해 공양미 삼백 석에 팔려 인당수에 몸을 던지지만 다시 살아나 황후에까지 오르게 됩니다.
심 봉사	심청의 아버지로 앞을 보지 못하는 시각 장애인입니다. 스님에게 지키지 못할 공양미 삼백 석을 약속해서 심청이가 팔려 가게 만들고 맙니다. 하지만 나중에 황후가 된 심청이를 만나고 눈도 뜨게 됩니다.
뺑덕 어미	심 봉사와 같은 동네에 사는 여자로 욕심이 많고 거짓말을 잘합니다. 심청이가 인당수로 떠난 후 심 봉사를 도와주는 척하며 심봉사의 재산을 모두 탕진시킵니다. 뿐만 아니라 심 봉사가 맹인 잔치를 찾아가는 도중에 다른 맹인과 눈이 맞아 심 봉사를 두고 떠납니다.

배경

시간 조선 시대   **장소** 황주 도화동

작품 특징

◈ 조선 시대 지어진 한글 소설이며 판소리 '심청가'를 소설로 만든 것입니다.
◈ 이야기가 만들어진 정확한 시기와 작가는 알려지지 않았습니다.
◈ 아버지의 눈을 뜨게 하기 위해 공양미 삼백 석에 몸을 팔아 인당수에 몸을 던지는 효녀 심청의 이야기입니다.

오늘의 퀴즈

심청은 공양미 삼백 석에 뱃사람들에게 팔리게 됩니다. 심청이 팔려 가 빠져 죽은 바다의 이름은 무엇인가요?

_____

오늘의 낱말 익히기

1 오늘의 낱말

효도孝道
뜻 부모를 정성껏 잘 섬기는 일.
비 효성, 효친
반 불효

풍수지탄風樹之嘆
뜻 나무가 고요하고자 하나 바람이 그치지 않는다는
뜻으로, 부모님께 효도를 하려고 하나 부모님이 이미
돌아가시고 계시지 않아 슬프다는 의미.

2 한자로 써 보고 익히기

孝	道		孝	道		孝	道	
효도 **효**	갈 **도**		효도 **효**	갈 **도**		효도 **효**	갈 **도**	

風	樹	之	嘆		風	樹	之	嘆
바람 **풍**	나무 **수**	갈 **지**	탄식할 **탄**		바람 **풍**	나무 **수**	갈 **지**	탄식할 **탄**

'나무가 고요하고자 하나 바람이 그치지 않는다'는 뜻을 지닌 '풍수지탄'을 한자로 적어 보세요.

3 낱말 넣어 문장 만들기

효도 : 심청은 아버지께 효도하기 위해 정성을 다했다.

내가 만든 문장 >

풍수지탄 : 풍수지탄이라는 말처럼 부모님이 살아 계실 때 잘해야 한다.

내가 만든 문장 >

상상하고 써 보기

1 내가 심청이라면

심청이는 눈먼 아버지의 눈을 뜨게 하기 위해 공양미 삼백 석에 팔려 갑니다. 공양미는 부처님께 바치는 쌀을 말합니다. 심청이의 행동은 자기의 목숨을 바쳐 아버지의 눈을 뜨게 하는 엄청난 희생이 뒤따르는 행동이기에 많은 사람들에게 감동을 주곤 합니다. 내가 만약 심청이라면 나는 눈먼 아버지를 위해 어떻게 효도를 했을지 생각해 보고 그 이유를 적어 보세요.

_____

_____

_____

_____

2 내 생각 적어 보기

「심청전」에서 효심이 지극한 심청이는 눈먼 아버지를 위해 공양미 삼백 석에 팔려 인당수에 빠져 죽습니다. 심청이의 이 행동은 엄청난 효도라고 할 수도 있지만 관점에 따라 불효라고도 생각할 수도 있습니다. 심청이의 행동을 효도라고 생각하는지 아닌지 생각해 보고 그 이유도 적어 보세요.

_____

_____

_____

_____

콩쥐팥쥐전

꽃신 신고 잔칫집에 간 콩쥐

어머니~
저도 잔칫집에 가고
싶어요.

오! 그러니?
그러면~

이 베를 다 짜 놓고,
벼 석 섬을 다 찧어 놓고
오거라~! 알겠지?

이, 이걸 다요?

흑흑.

짹짹

짹짹

짹짹

어?
참새들이잖아?

어머~
참새들이 벼를 찧어 주고 있어!
고마워~ 참새들아.

옛날 전라도 전주에 최만춘이라는 사람이 살고 있었습니다. 그는 아내 조 씨와 행복하게 살았지만 아이가 없었습니다. 지극 정성으로 불공을 들여 늦은 나이에 딸을 얻었고, '콩쥐'라는 이름을 지어 주었습니다. 하지만 안타깝게도 콩쥐 엄마는 콩쥐가 태어난 지 100일만에 병을 얻어 죽고 말았습니다.

콩쥐가 열네 살이 되던 해, 콩쥐 아빠는 배 씨라는 과부와 재혼을 했습니다. 배 씨에게는 '팥쥐'라는 딸이 있었는데 콩쥐보다 한 살 어렸습니다. 콩쥐는 마음씨가 곱고 착했지만 팥쥐와 팥쥐 엄마는 심술궂고 욕심이 많으며, 성격이 거칠었습니다. 팥쥐 모녀는 콩쥐를 온갖 방법으로 못살게 굴기 시작했습니다.

새엄마는 팥쥐만 예뻐하고 콩쥐에게는 힘든 집안일을 다 시키고 구박했습니다. 나무로 된 호미로 자갈밭을 매라고 강요하는가 하면, 구멍이 난 큰 항아리에 물을 채워 놓으라며 말도 안 되는 일들을 시켰습니다. 하지만 이때마다 소가 나타나 밭을 갈아 주고 두꺼비가 나타나 항아리의 구멍을 막아 주어 위기를 넘기곤 했습니다. 날이 갈수록 새엄마와 팥쥐는 콩쥐를 못 살게 굴었고, 콩쥐는 고생이 이만저만이 아니었습니다.

몇 년 뒤, 콩쥐네 외갓집에서 큰 잔치가 열려 콩쥐를 초대했습니다. 하지만 새엄마는 콩쥐를 잔치에 보내지 않기 위해 베 짜기와 벼 석 섬 찧기를 다 마치고 잔치에 참여하라고 했습니다. 그러고는 팥쥐만 데리고 잔치에 가 버립니다. 콩쥐가 너무 서글퍼서 울고 있는데 어디선가 참새 떼들이 나타나 벼 석 섬을 찧어 주고 선녀가 나타나 베 짜는 것을 도와주어 금세 끝나고 말았습니다. 게다가 선녀는 콩쥐에게 잔치에 입고 갈 비단옷과 꽃신까지 건네 줍니다.

선녀가 건네 준 꽃신과 비단옷을 입고 잔칫집을 향해 가는데 콩쥐는 시냇물에 꽃신 한 짝을 빠트려 버리고 맙니다. 이 꽃신을 발견한 사또는 신발의 주인을 찾아 나섭니다. 마침내 신발의 주인인 콩쥐를 발견한 사또는 콩쥐의 착한 마음과 아름다움에 반해 혼인을 하고 행복하게 살았습니다.

자세히 알아보기

등장인물

콩쥐	태어난 지 100일 만에 엄마가 죽은 후 힘들고 어렵게 자라지만, 마음은 비단결같이 착하고 예쁩니다. 새엄마와 동생 팥쥐로부터 온갖 핍박에 시달리고 어려움에 빠지지만 그때마다 도움을 받아 위기를 잘 극복합니다. 나중에는 사또와 혼인하여 행복하게 삽니다.
팥쥐	콩쥐 새엄마의 딸로 콩쥐보다는 한 살 어립니다. 성격이 고약하고 욕심이 많고 심술궂습니다. 언니 콩쥐를 엄마와 같이 구박하고 못살게 굽니다. 잔칫집에서 자기 신발도 아니면서 꽃신이 자기 신이라고 우기면서 우격다짐으로 신으려다 실패합니다.
팥쥐 엄마	콩쥐가 열네 살 때 콩쥐의 새엄마가 됩니다. 자신의 친딸인 팥쥐에게는 쉬운 일만 시키고 콩쥐에는 어려운 일만 시킵니다. 좋은 것은 팥쥐에게만 주고 콩쥐에게는 안 좋은 것만 줍니다. 잔칫집에 데려가지 않기 위해 말도 안 되는 일을 콩쥐에게 시키기도 합니다.

배경

시간	조선 시대	장소	전라도 전주

작품 특징

◈ 지은이와 지어진 연대는 정확히 알려지지 않은 조선의 유명한 가정 소설입니다.
◈ 신데렐라 이야기와 내용이 거의 비슷합니다.
◈ 결말 부분이 다양하게 존재하며 약간 끔찍한 결말을 가진 이야기도 존재합니다.

오늘의 퀴즈

새엄마는 콩쥐에게 구멍 난 큰 항아리에 물을 채우라고 시킵니다. 이때 콩쥐는 누구의 도움을 받아 이 일을 할 수 있게 되나요?

_____

오늘의 낱말 익히기

1 오늘의 낱말

계모繼母

뜻 아버지와 재혼하여 새로 생긴 엄마.
비 새엄마, 의붓어머니

고진감래苦盡甘來

뜻 쓴 것이 다하면 단 것이 온다는 뜻으로
고생 끝에 즐거움이 온다는 말.
비 흥진비래興盡悲來

2 한자로 써 보고 익히기

繼	母		繼	母		繼	母
이을 **계**	어미 **모**		이을 **계**	어미 **모**		이을 **계**	어미 **모**

苦	盡	甘	來	苦	盡	甘	來
쓸 고	다할 **진**	달 감	올 래	쓸 고	다할 **진**	달 감	올 래

'쓴 것이 다하면 단 것이 온다'는 말로 고생 끝에 즐거움이 찾아온다는 사자성어 '고진감래'를 한자로 적어 보세요.

---

3 낱말 넣어 문장 만들기

계모 : 콩쥐의 계모는 성격이 고약했다.

내가 만든 문장 〉

고진감래 : 콩쥐는 고진감래 끝에 사또와 혼인하여 행복하게 살았다.

내가 만든 문장 〉

상상하고 써 보기

1 내가 콩쥐라면

콩쥐는 열네 살에 새엄마를 만나게 됩니다. 하지만 새엄마와 동생 팥쥐는 온갖 방법으로 콩쥐를 괴롭힙니다. 자신을 못살게 구는 새엄마와 팥쥐에게 콩쥐는 착하게 대해 줍니다. 내가 콩쥐라면 새엄마와 팥쥐에게 어떻게 대했을지 생각해 보고 그 이유를 적어 보세요.

_____

_____

_____

_____

_____

2 내 생각 적어 보기

「콩쥐팥쥐전」의 원래 이야기에는 콩쥐가 사또와 결혼하는 것으로 끝나지 않습니다. 시기 질투심에 가득 찬 팥쥐가 콩쥐를 죽입니다. 이 사실이 마침내 발각되어 팥쥐와 팥쥐 엄마는 끔찍한 최후를 맞이하게 됩니다. 만약 내가 작가라면 「콩쥐팥쥐전」의 결말을 어떻게 썼을지 생각해 보고 적어 보세요.

_____

_____

_____

_____

옹고집전

진짜보다 더 진짜 같은 가짜 옹고집

여봐라! 뭘 하느냐?
어서 이 가짜 옹고집을
내쫓아 버리거라!

아니다!
내가 진짜이니,
저 가짜를
내쫓거라!

어허! 내가 진짜다!
저 녀석은, 내 재산을
빼앗으려고 온 가짜야!

아니다!
내가 진짜다!
가짜는 네가
가짜지!

아이고... 이거 원...
이렇게 똑같으니 누가
진짜인지
알 수가 있나~!

이럴 게 아니라,
관에 가서 누가
진짜인지 판결해
달라고 하자!

좋다!
누가 진짜인지 내가
판결해 주지!

그럼 먼저 집안 내력을 한번 이야기해 보거라!

예! 저희 아버지는 옹송이고, 할아버지는 만송이옵니다.

끝?

끝입니다!

제가 말씀드리지요~!

저희 아버지는 옹송, 할아버지는 만송이오며 고조할아버지는 맹송이요, 제 아들놈은 골이옵니다.

또, 저희 집엔 논밭 곡식이 이천백 석이 있고 마굿간에는 기마가 여섯 필! 암수 돼지가 스물두 마리! 암탉 수탉이 육십 마리가 있습니다!

자세히 잘 알고 있구나! 누가 진짜인지 알 것 같다!

여봐라! 저 가짜를 당장 매질하여 내쫓도록 하라!!

헉! 아니에요! 내가 진짜라고요~!

뻥!

착하게 살걸.

찍 찍 찍 찍

'옹달 우물과 옹 연못이 있는 옹진골 옹당촌에 한 사람이 살았으니, 성은 옹가요, 이름은 고집이었다.' 옹고집전은 이렇게 '옹옹옹'으로 시작합니다. 옛날 황해도 옹진에 놀부 저리 가라 할 만큼 심술궂고 고집 센 옹고집이라는 부자가 살았습니다. 부자이면서도 여든 살 먹은 노모를 냉방에 재우는가 하면 빨리 죽으라고 구박하며 불효를 일삼았습니다. 뿐만 아니라 집안의 종들을 함부로 대하고 못살게 굴었습니다.

옹고집의 소문을 듣고 월출사의 학대사라는 고승이 옹고집의 집에 시주를 받으러 찾아갑니다. 하지만 옹고집은 학대사를 잡아 꼬챙이로 귀를 뚫고 곤장 사십 대를 쳐서 내쫓았습니다. 이에 학대사는 옹고집의 못된 성품을 고쳐 줘야겠다고 마음먹었습니다. 지푸라기로 만든 허수아비로 옹고집과 똑같이 생긴 가짜 옹고집을 만들어 옹고집의 집에 보냅니다.

옹고집과 똑같은 옹고집이 나타나자 옹고집의 집에서는 큰 소동이 났습니다. 진짜 옹고집과 가짜 옹고집은 서로 자기가 진짜라고 하며 싸웠습니다. 옹고집의 자녀들은 말할 것도 없고 옹고집의 아내조차 누가 진짜 옹고집인지 구분하지 못했습니다. 마침내 관가의 사또에게 판결을 해 달라고 합니다. 사또는 두 옹고집에게 집안 내력을 말해 보라고 하자 진짜 옹고집은 꼴랑 아버지와 할아버지 이름 정도만 이야기합니다. 하지만 가짜 옹고집은 증조, 고조 할아버지는 물론 재산 목록 등 집안의 아주 소소한 일까지 줄줄 말합니다. 이에 사또는 가짜 옹고집을 진짜 옹고집이라 판결하고 진짜 옹고집은 자기 집에서 쫓겨나게 됩니다.

이후 가짜 옹고집은 진짜 옹고집 행세를 하며 열 명의 자녀들까지 낳고 삽니다. 반면 진짜 옹고집은 갖은 고생을 하며 지난날의 잘못을 뉘우치지만 현실을 돌이킬 수 없어 스스로 목숨을 끊으려고 합니다. 이때 학대사가 나타나 옹고집을 매우 꾸짖고 부적을 손에 들려 주면서 집으로 가라고 합니다. 진짜 옹고집이 부적을 들고 집으로 돌아가자 가짜 옹고집은 다시 지푸라기 허수아비로 변하고 말았습니다. 이후로 옹고집은 개과천선하여 노모에게는 효자 노릇을 하고 착하게 살았답니다.

자세히 알아보기

등장인물

옹고집	이름 그대로 고집 세기로 유명하고 심술은 놀부보다 더 심합니다. 노모에게는 밥도 제대로 주지 않고 차가운 방에서 자게 하는 불효자입니다. 하지만 가짜 옹고집이 나타나면서 온갖 고생을 하며 자신의 잘못을 뉘우치게 되고 완전히 다른 사람으로 변하게 됩니다.
학대사	월출사의 고승으로 도술을 잘 부립니다. 못된 옹고집을 혼내 주기 위해 지푸라기로 허수아비를 만들어 옹고집과 똑같이 생긴 가짜 옹고집을 집으로 보냅니다. 하지만 옹고집이 스스로 목숨을 끊으려는 순간 나타나 옹고집을 살려 줍니다.
사또	진짜 옹고집과 가짜 옹고집이 관가로 와서 재판을 담당합니다. 집안 내력을 잘 모르는 진짜 옹고집이 가짜라고 판결을 내립니다.

배경

시간 조선 시대   **장소** 황해도 옹진

작품 특징

◈ 지은이와 지어진 정확한 연대는 전해지지 않습니다.
◈ 판소리계 소설로 판소리는 '옹고집 타령'이지만 전해지지 않습니다.
◈ 풍자 소설로 내용이 아주 재미있어 많이 읽히는 고전 중의 하나입니다.

오늘의 퀴즈

◈ 학대사는 가짜 옹고집을 만들기 위해 지푸라기로 무엇을 만들었을까요?

_____

◈ 옹고집의 시작 부분은 '옹달 우물과 옹 연못이 있는 옹진골 옹당촌에 한 사람이 살았으니, 성은 옹가요, 이름은 _____ 이었다'입니다.

오늘의 낱말 익히기

1 오늘의 낱말

옹고집 雍固執
뜻 억지가 매우 심한 고집. 비 고집불통, 벽창호

개과천선 改過遷善
뜻 지나간 잘못을 고치고 착하게 변함. 비 회개

2 한자로 써 보고 익히기

雍	固	執		雍	固	執	
막힐 **옹**	굳을 **고**	잡을 **집**		막힐 **옹**	굳을 **고**	잡을 **집**	

改	過	遷	善	改	過	遷	善
고칠 **개**	지날 **과**	옮길 **천**	착할 **선**	고칠 **개**	지날 **과**	옮길 **천**	착할 **선**

'지난 잘못을 고치고 착하게 변함'이라는 뜻의 사자성어인 '개과천선'을 한자로 적어 보세요.

3 낱말 넣어 문장 만들기

옹고집 : 옹고집은 이름 그대로 앞뒤가 꽉 막힌 고집쟁이이다.

내가 만든 문장

개과천선 : 옹고집은 온갖 고생을 하며 개과천선하여 집으로 돌아왔다.

내가 만든 문장

상상하고 써 보기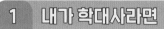

1 내가 학대사라면

학대사는 옹고집의 못된 버릇을 고쳐 주기 위해 옹고집과 똑같이 생긴 가짜 옹고집을 만들어 옹고집을 혼내 줍니다. 내가 만약 학대사라면 어떤 방법으로 옹고집을 혼내 줄지 생각해 보고 그 이유도 적어 보세요.

2 내 생각 적어 보기

옹고집의 집에 가짜 옹고집이 나타나 진짜 옹고집 행세를 하고 결국 진짜 옹고집은 가짜 옹고집에게 쫓겨나고 맙니다. 만약 옹고집처럼 나와 똑같이 생긴 사람이 나타나 진짜 행세를 하면 어떤 일이 벌어질까요? 또한 나는 내가 진짜임을 어떻게 밝힐 수 있을지 생각해 보고 적어 보세요.

05

유충렬전

황제를 구하고 가족도 구한 유충렬

중국 명나라에 유심이라는 충신이 살았습니다.

어흐흑~ 자식이 없으니 슬프도다! 내가 죽으면 누가 거둬 주며 조상님 제사는 또 누가 맡아 준단 말인가!

자식이 없어서 근심하던 유심은 부인 장씨와 함께 남악산을 찾아갔어요.

이렇게 슬퍼하고만 있을 것이 아니라, 남악 형산에 함께 가시어 정성껏 기도해 보아요~!

질질~

부디 하느님께서 자식을 하나 점지하여 주옵소서~ 비나이다~ 비나이다~

그리고 열 달 후 드디어 옥동자가 태어났어요! 이 아기가 바로 유충렬이에요! 아기는 이마가 넓고 얼굴이 반듯하며 눈은 부리부리했지요.

번쩍 번쩍

또 팔뚝엔 북두칠성 맑은 별이 박혀 있었고 등에는 ' 대 명나라 대장군'이라는 황금색 글씨가 뚜렷했답니다!

대 명나라 대장군

지성이면 감천이라더니, 얼마 후 장씨 부인은 아기를 임신하게 되었어요!

오~!
나랑 비슷하네?

훌렁~

나는 등에 북두칠성
점이 있는데…
후훗~

응?

야~
왜 지워~~!!

태어날 때만 비범했던 게 아니라,
충렬은 일곱 살 때 골격이 빼어나고
무척 총명했대!

무예도 뛰어나서
말 달리기와 칼 쓰기는 누구도
당해 내지 못할 정도였다고~

훗~ 그건
나랑 비슷하군!

이럇!!

쿵!

악!!

중국 명나라에 유심이라는 충신이 있었습니다. 그는 개국공신의 후예로 명망이 높은 사람이었습니다. 하지만 자식이 없어 근심하던 중 유심의 아내 장씨 부인이 남악 형산이라는 곳에서 정성을 다해 기도를 올린 끝에 아들을 낳았는데 바로 유충렬입니다. 유충렬은 태어날 때부터 범상치 않았는데 팔에는 북두칠성이 박혀 있고 등에는 '대 명나라 대장군'이라는 황금색 글씨가 뚜렷했습니다. 유충렬은 매우 총명하고 글씨며, 문장이며, 무예가 누구도 당하지 못할 정도였습니다.

한편 조정에는 정한담과 최일귀라는 간신들이 있었는데 이들은 호시탐탐 황제 자리를 노리는 무리였습니다. 이들은 군사를 일으켜 오랑캐를 치자고 주장하지만 유심은 오랑캐의 세력이 강하기 때문에 내실을 기하자고 주장합니다. 이에 황제는 정한담과 최일귀의 꼬드김에 빠져 유심을 귀양 보내게 됩니다. 유심은 아들 충렬에게 죽도(竹刀) 하나를 남기고 귀양을 가게 됩니다.

정한담과 최일귀는 유심의 집에 불을 지르고 충렬의 모자를 죽이려 하지만 귀인의 도움으로 이들은 가까스로 목숨을 구합니다. 화를 피해 배를 타지만 충렬은 바다에 버려지고 어머니와 헤어지게 됩니다. 충렬은 겨우 목숨을 건지지만 걸식하면서 거지처럼 살아가게 됩니다. 충렬은 자신의 신세가 너무 한탄스러워 자결하려 하지만 유심의 친구인 강희주에 의해 구출을 받고 강희주가 자신의 딸과 결혼도 시킵니다.

강희주는 황제에게 정한담과 최일귀 일당을 몰아내고 유심을 다시 복직시키라는 상소문을 올립니다. 하지만 이 일로 강희주마저 귀양길에 오르게 됩니다. 정한담 일당은 유충렬이 살아 있다는 사실을 알고 다시 강희주의 집에 군사들을 보내지만 유충렬은 가까스로 도망치게 됩니다. 하지만 유충렬은 다시 가족들과 뿔뿔이 흩어지게 됩니다. 유충렬은 비범한 스승을 만나 도술과 천문을 배우고 대원수 자리까지 오르게 됩니다.

몇 년이 지난 후 정한담과 최일귀 무리는 오랑캐와 함께 황제가 되기 위해 반란을 일으킵니다. 황제가 이들에게 쫓겨 항복을 하기 직전에 유충렬이 자신의 애마인 천사마를 타고 나타나 정한담과 최일귀 일당을 물리칩니다. 유충렬은 황제도 구하고 죽은 줄 알았던 아버지 유심과 어머니 그리고 장인인 강희주와 아내 등을 구하고 행복하게 삽니다.

자세히 알아보기

등장인물

유충렬
개국공신인 유심의 아들로, 태어날 때부터 범상치 않은 생김새와 재주를 갖고 태어납니다. 하지만 정한담 일당에게 쫓겨 온갖 어려움을 겪게 되고 죽을 고비를 여러 번 넘기게 됩니다. 후에 반란을 일으킨 정한담과 최일귀 일당을 무찌르고 헤어졌던 가족들과도 다시 만나 행복하게 삽니다.

유심
충신이지만 간신인 정한담 일당에게 모함을 받아 귀양을 가게 됩니다. 귀양을 가면서 아들 충렬에게 죽도를 남기고 떠나는데 나중에 다시 만났을 때 죽도를 보고 충렬을 알아봅니다.

정한담
황제에게 대항하여 역모를 꾀하는 간신입니다. 충신인 유심과 강희주 등은 귀양을 보냅니다. 오랑캐와 결탁하여 반란을 일으키지만 결국 유충렬에게 죽임을 당합니다.

강희주
가족과 헤어져 죽을 위기에 처한 어린 충렬을 데려가 잘 키워 주고 자신의 딸과 결혼도 시킵니다. 친구인 유심을 다시 복직시키려다 귀양을 가게 됩니다.

배경

시간   중국 명나라 때   **장소**   명나라 조정과 중국 대륙

작품 특징

◈ 유충렬의 일대기를 다룬 영웅 소설입니다.
◈ 지은이는 확실하지 않습니다.
◈ 국가에 충성하고 부모에게 효도한다는 유교적 가치관이 잘 드러난 작품입니다.

오늘의 퀴즈

유충렬이 태어났을 때 등에는 황금색으로 된 글귀가 있었는데 무엇이라고 써져 있었나요?

_____

1 오늘의 낱말

간신奸臣
뜻 간사하고 못된 신하. 반 충신

사필귀정事必歸正
뜻 모든 일은 반드시 바른 길로 돌아감.

2 한자로 써 보고 익히기

奸	臣		奸	臣		奸	臣	
범할 **간**	신하 **신**		범할 **간**	신하 **신**		범할 **간**	신하 **신**	

事	必	歸	正		事	必	歸	正	
일 **사**	반드시 **필**	돌아갈 **귀**	바를 **정**		일 **사**	반드시 **필**	돌아갈 **귀**	바를 **정**	

'모든 일은 반드시 바른 길로 돌아감'이라는 뜻의 사자성어인 '사필귀정'을 한자로 적어 보세요.

3 낱말 넣어 문장 만들기

간신 : 유충렬전에 나오는 정한담과 최일귀는 간신이다.

내가 만든 문장

사필귀정 : 유충렬이 가족들을 다시 만나 행복하게 된 것은 사필귀정이다.

내가 만든 문장

상상하고 써 보기

1 내가 유심이라면

유충렬의 아버지 유심은 모함을 받아 귀양을 가기 전에 아들에게 대나무 칼인 죽도(竹刀)를 주고 떠납니다. 10년 뒤 유충렬이 아버지를 찾아왔을 때 유심은 죽은 줄 알았던 아들이 찾아왔다고 해서 깜짝 놀랍니다. 그리고는 아들이 내민 죽도를 보고 비로소 아들임을 확신하게 됩니다. 내가 유심이라면 아들에게 어떤 물건을 남기고 떠났을지 생각해 보고 그 이유도 적어 보세요.

_____

_____

_____

_____

2 내 생각 적어 보기

「유충렬전」은 유교의 중심 사상인 충(忠)과 효(孝) 사상이 분명하게 드러난 이야기라 할 수 있습니다. 내가 생각하는 충(忠)과 효(孝)는 어떤 것인지 생각해 본 후 적어 보세요.

충忠 : _____

_____

_____

효孝 : _____

_____

_____

06

전우치전

탐관오리를 혼낸 도술의 달인

흉년과 해적의 침입으로 백성들은 살기가 힘든데.

꼬르륵~

꼬르륵~

벼슬아치들은 권세를 탐하는 것에 눈이 멀었으니!

부들부들...

더 이상은 못 참겠다!

휘이잉~

나는 하늘나라의 신선이다! 옥황상제께서 궁궐을 짓고자 하시니 당장 황금 들보를 만들어 바쳐라!

예! 알겠습니다!

여봐라~!
당장 나라의 모든 금을 모아서
커다란 대들보를 만들거라!

여기 있습니다~!

좋다!
잘했다!

전우치는 황금 들보 절반을
이웃나라에 팔아서 쌀을 샀어.
그리고 굶주린 백성들에게 나눠 줬지!
또 나머지 절반도 잘게 조각을 내서
가난한 백성들에게 나눠 줬어~!

와~
전우치 정말
멋있다!

그치?
누구랑은 정반대지?

형~
한 개만 줘라~
한 개만 줘~

싫어!
다 내 거야!

조선 초 송경(개성)에 '전우치'라는 한 선비가 살았습니다. 전우치는 높은 스승에게 신선의 이치와 신기한 재주를 얻었습니다. 하지만 자신을 숨기고 지내 그를 아는 이가 없었습니다.

당시 나라 곳곳에는 해적이 들끓고 무서운 흉년까지 들어 그 참혹함은 말로 다할 수 없었습니다. 벼슬아치들은 권세에 눈이 멀어 백성을 돌보지 않았습니다. 이에 전우치는 참다못해 집을 나섰습니다.

전우치는 하늘의 벼슬아치인 선관으로 변신하여 오색구름을 타고 대궐 위로 날아가 임금과 신하들 앞에 나타났습니다. 임금에게 옥황상제의 명이니 황금 들보(기둥)를 만들어 바치라고 합니다. 이에 나라의 모든 금을 모아 들보를 만들어 전우치에게 바칩니다. 전우치는 들보의 절반을 베어 팔아 쌀을 사서 굶주린 백성들에게 주고, 절반은 잘게 조각을 내서 가난한 백성들에게 나눠 줍니다.

이에 백성들은 전우치에게 열광을 하지만 임금과 신하들은 전우치를 잡아들이려고 체포령을 내립니다. 하지만 전우치는 군사들이 잡으러 올 때마다 상상을 초월하는 도술을 부려 도저히 잡을 수가 없었습니다. 한번은 전우치를 잡기 위해 군사들이 오자 전우치는 스스로 병 속으로 들어갑니다. 군사들은 마개를 단단히 막아 임금께 병을 바칩니다. 임금은 펄펄 끓는 기름 가마솥에 병을 던져 버리라고 하지만 전우치는 너무 춥다며 임금을 조롱하고 떠나갑니다.

전우치는 도술을 부려 탐관오리들을 혼내 주는가 하면 도적 떼들도 소탕합니다. 함경도 일대에서 엄준이 백성들의 재물을 약탈하고 죽이자, 전우치는 여러 명의 전우치로 변신하여 엄준을 혼내고 항복하게 합니다. 엄준은 자신의 잘못을 뉘우치고 고향으로 돌아가 착하게 살아갑니다.

임금은 전우치에게 반란의 죄를 뒤집어씌워 죽이려고 전우치를 잡아들입니다. 하지만 전우치는 임금 앞에서 그림을 그리고 임금에게 하직 인사를 한 후 그림 속으로 들어가 홀연히 사라져 버립니다.

자세히 알아보기

등장인물

전우치	높은 스승으로부터 신선의 이치를 배우고 신기한 도술을 배웁니다. 솔개가 되어 하늘을 날기도 하고 여러 명의 분신을 만드는 도술을 부리기도 합니다. 자신의 도술을 이용하여 불쌍한 백성들을 구하고 임금과 못된 탐관오리들을 혼내 줍니다. 임금이 역모로 누명을 씌워 죽이려고 하자 자신이 그린 그림 속으로 들어가 어디론가 사라져 버립니다.
임금	백성들은 돌보지 않는 무능한 임금입니다. 백성들이 전우치에게 열광하자 전우치를 잡아 죽이려고 합니다. 하지만 전우치의 도술 때문에 잡을 수 없자 역모죄를 뒤집어씌워 죽이려고 합니다.
엄준	함경도 일대에서 먹고 살기 힘들어 도적이 되어 끝내 도적의 두목이 됩니다. 하지만 전우치에게 항복을 하고 고향으로 돌아가 착한 양민이 되어 살아갑니다.

배경

시간	조선 초기	장소	송경(개성) 일대와 전국 각지

작품 특징

◈ 지은이와 창작 연대는 정확하게 알려지지 않았습니다.

◈ 전우치는 조선 중종 임금 때 살았던 실제 인물이었다고 합니다. 실제 전우치는 도술을 익혔으며 시도 잘 지었고 반역을 꾀하다가 죽었다고 합니다.

◈ 신기한 도술을 부리고 분신술을 쓰고 탐관오리들을 혼내 주는 내용이 홍길동전과 닮았습니다.

오늘의 퀴즈

전우치는 흉년이 들어 굶주리는 백성들을 위해 하늘의 선관으로 변신하여 임금과 신하들 앞에 나타나 무엇을 바치라고 하나요?

_____

오늘의 낱말 익히기

1 오늘의 낱말

도술道術 뜻 도를 닦아 여러 가지 조화를 부리는 요술이나 술법. 비 술법	**신출귀몰**神出鬼沒 뜻 귀신같이 나타났다 사라졌다 함. 비 변화무쌍

2 한자로 써 보고 익히기

道	術			道	術			道	術		
길 **도**	꾀 **술**			길 **도**	꾀 **술**			길 **도**	꾀 **술**		

神	出	鬼	沒		神	出	鬼	沒
귀신 **신**	날 **출**	귀신 **귀**	사라질 **몰**		귀신 **신**	날 **출**	귀신 **귀**	사라질 **몰**

'귀신같이 나타났다 사라졌다'를 이르는 '신출귀몰'을 한자로 적어 보세요.

3 낱말 넣어 문장 만들기

도술 : 전우치는 각종 도술을 부려 못된 벼슬아치들을 혼내 주었다.

내가 만든 문장 〉

신출귀몰 : 전우치는 신출귀몰 행적으로 사람들을 놀라게 했다.

내가 만든 문장 〉

상상하고 써 보기

1 내가 전우치라면

「전우치전」에는 전우치가 다양한 도술을 부려 임금과 못된 신하들을 혼내 준다든지, 외적이나 도적 떼를 물리치는 장면들이 많이 등장합니다. 내가 전우치처럼 도술을 부릴 줄 안다면 어떤 도술을 부리고 싶나요? 그리고 그 이유는 무엇인지 생각해 보고 적어 보세요.

_____

_____

_____

_____

_____

2 내 생각 적어 보기

「전우치전」의 작가는 마지막 장면을 전우치 자신이 그림을 그리고 그림 속으로 홀연히 사라져 버리는 결말을 선택합니다. 내가 만약 전우치전의 작가라면 마지막 장면을 어떻게 썼을지 생각해 보고 적어 보세요.

_____

_____

_____

_____

_____

우리의 삶은 시련의 연속입니다. 마치 파도처럼 한 번의 시련을 극복하면 또 다른 시련이 나에게 계속 밀려옵니다. 어떤 사람은 그 파도에 넘어지고 다시 일어서지 못해 휩쓸려 가 버립니다. 하지만 어떤 사람은 파도 위에서 서핑을 하는 것처럼, 시련의 파도를 잘 견딜 뿐만 아니라 그 시련을 즐기기까지 합니다. 이런 사람은 시련을 한 번 넘을 때마다 성숙한 사람이 되곤 합니다.

많은 사람들은 시련이 없는 삶을 꿈꿉니다. 하지만 이런 생각은 버리는 편이 좋습니다. 모든 인생에는 자신이 감당해야 할 시련이 있기 마련입니다. 그리고 시련이 있어야만 인생은 아름답게 빛날 수 있습니다. 평안함이 이어지는 삶 속에서 사람은 성장하기 어렵습니다. 무기력하고 나태해질 뿐입니다.

옛이야기를 통해 주인공들이 마주친 시련에 어떻게 대처하고 행동했는지를 유심히 살펴보세요. 시련 앞에서 포기하거나 도망친 주인공은 아마 없을 것입니다. 여러분 앞에 어떤 시련이 있나요? 당당히 맞서 이겨 내기 바랍니다.

2장

시련을 극복하고, 성취하는 삶

07

토끼전

간을 넣었다 뺐다 하는 토끼

여봐라!
당장 토끼의 배를 갈라
간을 꺼내거라!

허걱!!!
간이라뇨?

속여서 미안해, 토끼야.
사실은 용왕님이 병이 나셔서
네 간이 필요해.

감히 날
속이다니!!!

아이고~
진작 말을 했으면,
내가 간을 가지고
왔을 텐데.

뭐?
그럼 간이
없다는
말이냐?

네~ 우리
토끼들은요, 간을
넣었다 뺐다 할 수가
있거든요.

별주부가 간이 필요하다는
말을 안 하는 바람에 제가
그만 간을 빼놓고 왔지 뭐예요~

별주부!
어서 다시 토끼와 가서
간을 가지고 오너라!

예!

#. 육지 도착!

토끼야!
여기서 기다릴 테니까
어서 간을 가져와~

간 좋아하네!
흥!

내 똥이나 먹어라!
뿌직!

아,
이럴수가!

냄새가 괜찮은데?
이거라도 가져가 볼까?

후릅~
후릅~

오~신기하도다!
이걸 먹으니 힘이
솟아나는구나!
이게 토끼 간을 우린
것이라고?

아니,
그건…

예~용왕님,
그러하옵니다~

텅!

어서
한 그릇 더
주거라!

후릅~
후릅~

쉿!

53

남해 바다 용왕이 그만 죽을병에 걸리고 말았습니다. 하늘의 도사가 나타나 '살아 있는 토끼의 간을 먹으면 나을 것이다'라는 말을 듣고, 용왕은 용궁의 신하들을 모아 놓고 육지에 가서 토끼를 잡아 올 수 있는 신하를 뽑습니다. 하지만 바닷속에 사는 물고기들은 뭍으로 나가면 죽기에, 섣불리 아무도 나서지 못합니다. 이때 별주부 자라가 토끼를 잡아 오겠다며 토끼가 그려진 그림을 가지고 의기양양하게 육지로 길을 떠납니다.

육지에 도착한 자라는 천신만고 끝에 동물들의 모임에서 토끼를 만나게 됩니다. 자라는 토끼에게 용궁은 뭍보다 훨씬 살기 좋은 곳이고 그곳에 가면 높은 벼슬도 준다며 온갖 사탕발림으로 토끼를 꼬드깁니다. 이에 토끼는 마침내 자라와 함께 용궁으로 가게 됩니다.

자라가 토끼를 용궁으로 데려오자 용왕은 당장 토끼의 배를 갈라 간을 꺼내라고 명령합니다. 그때서야 토끼는 자기가 자라에게 속았다는 것을 알고 살아남기 위해 한 가지를 꾀를 냅니다. 토끼는 간은 넣었다 뺐다 할 수 있는데 간을 육지에 빼놓고 왔다고 그럴싸하게 둘러댑니다. 이에 용왕과 신하들이 모두 속아 넘어갑니다. 용왕은 토끼를 잘 달래면서 다시 육지로 돌아가 간을 가져오라고 합니다.

죽음 직전까지 갔다가 살아난 토끼는 자라와 함께 다시 육지로 돌아옵니다. 육지에 돌아오자마자 토끼는 자신을 속인 자라에게 욕을 퍼붓습니다.
"간 좋아하네. 내 똥이나 먹어라!" 하며 똥을 싸 놓고 숲속으로 사라집니다. 별주부 자라는 어쩔 수 없이 토끼의 똥을 가지고 용궁으로 돌아갑니다. 그런데 놀랍게도 토끼의 똥을 먹은 용왕은 병이 낫게 됩니다.

자세히 알아보기

등장인물

토끼	숲속에서 평화롭게 살던 토끼는 자라의 꾐에 넘어가 용궁에 가게 됩니다. 하지만 용궁에서 토끼는 죽을 위기에 놓입니다. 용왕의 병 치료를 위해 간을 내놓으라는 말도 안 되는 상황에서 기가 막힌 꾀를 내어 그 위기를 탈출합니다.
자라	용왕의 충성스러운 신하로 용왕의 병을 고치기 위해 토끼를 잡으러 뭍으로 향합니다. 어렵사리 토끼를 잡아 용궁으로 데려오지만 토끼의 속임수에 빠져 토끼를 다시 뭍에 데려다 주고 놓치게 됩니다.
용왕	용궁을 다스리는 왕으로 무절제한 삶을 살다가 죽을병에 걸립니다. 하지만 토끼의 간을 먹으면 나을 수 있다는 말을 듣고 자라로 하여금 토끼를 잡아 오게 합니다. 하지만 토끼의 꾐에 빠져 토끼를 다시 놓아 주는 어리석은 왕입니다.

배경

시간	옛날		장소	용궁과 뭍

작품 특징

◆ 우화 소설이며 판소리 '수궁가'로 불리다가 조선 후기에 소설로 만들어졌습니다.

◆ 이야기가 만들어진 정확한 시기와 작가는 알려지지 않았습니다.

◆ 이야기 제목이 「토끼전」뿐만 아니라 「별주부전」, 「토의 간」, 「토생원전」 등으로도 불립니다.

오늘의 퀴즈

◆ 남해 용왕은 죽을병에 걸립니다. 하지만 하늘의 도사는 토끼의 이것을 먹으면 병이 나을 수 있다고 합니다. 용왕의 병을 낫게 해 줄 이것은 무엇인가요? _____

◆ 별주부 자라는 토끼의 간 대신 이것을 가지고 용궁으로 돌아가는데요. 놀랍게도 토끼의 이것을 먹은 용왕은 병이 낫게 됩니다. 이것은 무엇일까요? _____

오늘의 낱말 익히기

1 오늘의 낱말

치유治癒	감언이설甘言利說
뜻 치료하여 병을 낫게 함. 비 치료	뜻 귀가 솔깃하게 남의 비위를 맞추거나 꾀어내는 말. 비 사탕발림

2 한자로 써 보고 익히기

治	癒		治	癒		治	癒	
다스릴 **치**	나을 **유**		다스릴 **치**	나을 **유**		다스릴 **치**	나을 **유**	

甘	言	利	説		甘	言	利	説	
달 **감**	말씀 **언**	이로울 **이**	말씀 **설**		달 **감**	말씀 **언**	이로울 **이**	말씀 **설**	

'귀가 솔깃하게 남의 비위를 맞추거나 꾀어내는 말'을 이르는 '감언이설'을 한자로 적어 보세요.

_____

3 낱말 넣어 문장 만들기

치유: 용왕의 병을 치유하기 위해 토끼의 간이 필요했다.

내가 만든 문장

_____

감언이설: 토끼는 자라의 감언이설에 넘어가 용궁으로 향했다.

내가 만든 문장

_____

상상하고 써 보기

1 내가 토끼라면

자라한테 속아 용궁에 온 토끼를 본 용왕은 토끼에게 말합니다.

"토끼야 잘 들어라. 내가 죽을병에 걸렸지만 토끼의 간을 먹으면 나을 거라는 말을 듣고 너를 잡아 왔느니라. 죽는다고 너무 억울하게 생각하지 말거라. 토끼 네가 죽고 용왕인 내가 살면 너는 최고의 신하가 되는 것이다. 할 말이 있으면 하고 그냥 죽거라."

이 말을 들은 토끼는 재치 있게 다음과 같이 말하면서 위기를 모면합니다.

"저도 제 간을 용왕님께 드려 병을 낫게 해 드리고 싶습니다. 하지만 안타깝게도 저에게는 간이 없습니다. 간을 꺼내 저만 아는 장소에 몰래 감춰 두었습니다."

내가 토끼라면 용왕에게 어떻게 말하면서 위기를 넘겼을지 생각해 보고 적어 보세요.

_____

2 내 생각 적어 보기

「토끼전」의 결말은 한 가지로 정해져 있지 않습니다. 100가지가 넘는 이야기마다 결말이 다르게 소개되어 있습니다. 본 책에서는 토끼의 똥을 먹고 용왕이 낫게 되는 이야기로 소개했습니다. 만약 내가 작가라면 「토끼전」의 결말을 어떻게 썼을지 생각해 보고 적어 보세요.

_____

_____

_____

_____

_____

08

춘향전

신분의 벽을 넘어선 남녀 간의 사랑

감옥에서 고생했으니 이제 생각이 바뀌었겠지?

춘향아! 내 수청을 들거라!

싫습니다!

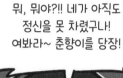

뭐, 뭐야?!! 네가 아직도 정신을 못 차렸구나! 여봐라~ 춘향이를 당장!

덜컹!!

암행어사 출두요~~~

헉!

변사또의 수청을 거부해서 옥에 갔혔다지?

그렇소.

조선 숙종 임금 시절 전라도 남원 고을에 월매라는 기생이 있었습니다. 월매는 젊은 시절 성 참판의 둘째 부인으로 살다 딸 춘향이를 낳아 지극정성으로 키웠습니다.

이 고을 사또의 아들 이몽룡은 춘향이가 열여섯 살이 되던 해 단옷날(음력 5월 5일) 광한루에서 춘향이의 그네 타는 모습을 보고 한눈에 반해 사랑에 빠지게 됩니다. 신분 차이 때문에 혼인을 하지 못하지만 부부의 연을 맺기로 약속하고 행복한 한때를 보냅니다.

그러던 어느 날, 이몽룡은 승진하여 한양으로 떠나는 아버지를 따라가게 됩니다. 이몽룡은 반드시 과거 시험에 합격하여 춘향이를 다시 데리러 오겠다는 말을 남긴 채, 춘향이와 이별을 하게 됩니다.

한편, 춘향이 살던 고을에 못된 변학도라는 사람이 사또로 부임하게 됩니다. 변사또는 부임하자마자 춘향이에게 관심을 보이면서 수청을 들라고 협박하고 회유합니다. 하지만 춘향은 이몽룡을 기다리는 몸이라면서 변사또의 수청을 거부합니다. 이에 화가 난 변사또는 춘향이를 감옥에 가둬버립니다.

결국 과거 시험에 장원 급제한 이몽룡은 전라도 지방의 암행어사가 됩니다. 그리고 거지로 변장하여 변사또의 생일잔치에 참가합니다. 이몽룡은 탐관오리인 변사또와 일당들을 잡아들이고 억울하게 옥에 갇힌 사람들을 풀어 줍니다. 춘향이에게는 모르는 척하며 자신의 수청을 들라고 떠보지만 춘향이는 차라리 자신을 죽여 달라며 이몽룡의 제안을 단번에 거절합니다. 이에 이몽룡은 춘향이의 자신에 대한 사랑이 진심이라는 것을 알게 되고, 비로소 자신이 이몽룡이라는 사실을 밝히며 둘은 극적으로 재회합니다.

춘향이와 이몽룡은 혼인하게 되고 춘향이는 임금으로부터 정렬부인이라는 칭호까지 받게 됩니다. 이후 둘은 행복하게 백년해로했다고 합니다.

등장인물

성춘향
양반 성 참판과 기생 월매 사이에 태어나 이몽룡과 신분을 뛰어넘는 사랑을 합니다. 이몽룡과 부부의 연을 맺기로 약속한 이후로 변사또의 협박과 회유에도 굴하지 않고 정절을 지켜내는 꿋꿋하고 강인한 인물입니다.

이몽룡
사또의 아들로 춘향이를 보는 순간 한눈에 반합니다. 과거 시험에 장원급제하여 부정부패를 바로잡는 암행어사가 되고 춘향이와도 다시 만나 백년해로하게 됩니다.

변학도
부패한 관리이며 자기 권력을 이용하여 춘향에게 수청을 강요합니다. 나중에 거지로 변장한 암행어사 이몽룡에게 혼쭐이 나고 벼슬에서도 쫓겨나게 됩니다.

배경

시간 조선 시대

장소 전라도 남원

작품 특징

◈ 조선 시대의 한글 소설이며 판소리계 소설입니다.
◈ 지은이와 지어진 연대는 정확히 알려지지 않았고 다양한 내용이 존재합니다.
◈ 신분을 뛰어넘는 남녀 간의 사랑을 다룬 작품입니다.

오늘의 퀴즈

이 날은 모내기를 끝낸 후 남자들은 씨름을 하고 여자들은 창포물에 머리를 감고 그네를 뛰며 놉니다. 이몽룡과 춘향이가 처음 만난 이 날은 무슨 날일까요?

_____

오늘의 낱말 익히기

1 오늘의 낱말

혼인婚姻

뜻 남자와 여자가 부부가 되는 일.
비 결혼, 성혼

백년해로百年偕老

뜻 부부가 되어 한평생을 사이좋게 지내고
행복하게 함께 늙음.
비 **백년동락**百年同樂

2 한자로 써 보고 익히기

婚	姻		婚	姻		婚	姻	
혼인할 **혼**	혼인 **인**		혼인할 **혼**	혼인 **인**		혼인할 **혼**	혼인 **인**	

百	年	偕	老	百	年	偕	老
일백 **백**	해 **년**	함께 **해**	늙을 **로**	일백 **백**	해 **년**	함께 **해**	늙을 **로**

'부부가 되어 한평생을 사이좋게 지내고 행복하게 함께 늙음'이라는 뜻의 사자성어인 '백년해로'를
한자로 적어 보세요.

3 낱말 넣어 문장 만들기

혼인 : 춘향이와 이몽룡은 신분을 뛰어넘어 끝내 혼인하였다.

내가 만든 문장

백년해로 : 춘향이와 이몽룡은 다시 만나 백년해로했다.

내가 만든 문장

상상하고 써 보기

1 내가 춘향이라면

이몽룡이 한양으로 떠난 뒤 춘향이 살던 고을에 부임한 변사또는 남을 괴롭히는 아주 못된 관리였습니다. 변사또가 춘향이에게 자기 수청을 들라 했지만 춘향이는 이몽룡과의 약속을 기억하며 자신의 절개를 지킵니다. 하지만 춘향이는 이로 인해 감옥에 갇히게 됩니다. 내가 춘향이라면 변사또의 협박 앞에서 어떻게 행동했을지 생각해 보고 적어 보세요.

_____

_____

_____

_____

2 내 생각 적어 보기

금단지의 좋은 술은 천 사람의 피요,
옥쟁반의 맛 좋은 안주는 만백성의 기름이라.
촛불 눈물이 떨어질 때 백성의 눈물 떨어지고
노랫소리 높은 곳에 원망소리 높도다.

위 시는 암행어사 이몽룡이 거지로 변장하고 변사또의 사치스러운 생일잔치에서 지은 시입니다. 이 시를 보고 많은 관리들이 벌벌 떨면서 잔치 자리에서 줄행랑을 치기 바쁩니다. 만약 내가 암행어사 이몽룡이었다면 권력을 이용해 백성들을 못살게 구는 변사또에게 어떤 시를 지어 줬을지 생각해 보고 적어 보세요.

_____

_____

09

홍길동전

아버지를 아버지라 부르지 못하는 홍길동

저 바위를 드는 사람이 우리의 두목이다!

아유~ 셋이 힘을 합쳐도 꿈쩍도 안 해요.

제가 한번 해 보겠습니다!

당신은 누구요?

나는 홍길동이라고 합니다! 이 돌을 들어 보겠습니다!

뜨악!

아! 아!

우리의 두목이 되어 주십시오!

좋습니다! 그럼 우리, 의적이 됩시다!

나쁜 짓을 하는 양반이나 벼슬아치들의 재산을 빼앗아 힘 없고 가난한 백성들에게 돌려주는 의적 말이오!

와~ 멋있다!

우리 이름은 이제부터 '활빈당'입니다!

활빈당?

'가난한 백성을 돕는다는 뜻'이오!

와~! 멋있다! 와아~! 앗!

활빈당, 화이팅~!!!

조선 세종대왕 시절 판서 벼슬을 지낸 홍문과 노비 출신 춘섬 사이에 홍길동이 태어났습니다. 재주가 비범하고 남달랐지만 어머니가 노비인 서자 출신이라는 이유로 벼슬길에 오를 수가 없었습니다. 뿐만 아니라 아버지를 아버지라 형을 형이라 부르지도 못하는 처지였습니다.

하지만 아버지 홍판서가 홍길동의 비범함을 알아보며, 홍길동 모자에 대한 사랑이 커져만 갔습니다. 이에 홍판서의 또 다른 첩인 초낭은 홍길동 모자를 시기 질투하여 자객을 시켜 모자를 죽이려고 합니다. 결국 홍길동은 깊은 고민에 빠졌고, 자신의 꿈을 이루기 위해 어머니께 인사를 드리고 집을 떠납니다.

길동은 산속에서 도적 떼를 만나게 되는데 지혜와 술법을 써서 도적 떼의 두목이 됩니다. 길동은 도적들과 '선량한 백성의 재물에는 절대 손을 대지 않고 가난한 백성을 돕는다'는 뜻의 '활빈당'을 조직합니다. 허수아비 일곱 개로 모습이 똑같은 홍길동을 만들어, '동에 번쩍 서에 번쩍' 하면서 못된 양반들의 재물을 빼앗아 가난한 백성들에게 나눠 줍니다.

이에 백성들은 점점 길동에게 환호했지만, 조정에서는 길동을 잡아들이려고 애씁니다. 하지만 길동은 갖은 술법을 써서 도망쳤기 때문에 잡을 수가 없었고, 이에 임금은 길동의 요구대로 그를 병조 판서에 임명합니다.

이후 길동은 삼천여 명의 부하들과 조선을 떠나 성도라고 하는 섬에 정착합니다. 성도 근처에 율도국이라는 나라가 있었는데, 율도국의 왕이 사치와 향락에 빠져 백성들을 돌보지 않는다는 소문을 듣습니다. 이에 길동은 부하들을 이끌고 율도국을 정벌합니다. 길동은 나라를 잘 다스려 태평성대를 이루게 됩니다. 길동이 72세가 되었을 때 왕위를 물려주고, 왕비와 함께 산으로 들어가서 지내다가 어느 날 자취도 없이 사라지고 말았습니다.

자세히 알아보기

등장인물

홍길동
양반 아버지와 노비 어머니 사이에서 태어난 서자입니다. 일찍이 무예와 도술을 익혀 당할 자가 없습니다. 하지만 서자라는 신분의 한계 때문에 차별을 당하고 많은 어려움을 당합니다. 나중에 조선을 떠나 율도국을 정벌하고 왕이 되어 태평성대를 이룹니다.

홍문
홍길동의 아버지로 좌의정 벼슬까지 오른 양반입니다. 어질고 덕이 많아 모두의 존경을 받는 인물이지만 결단력이 부족합니다. 가문과 체통을 중시하는 양반이기도 합니다.

춘섬
홍길동의 어머니로 홍문의 첩이 되어 홍길동을 낳습니다. 착하고 순종적인 모습으로 조선 시대 여인을 대표하는 인물입니다.

초낭
홍문의 또 다른 첩으로 시기와 질투심이 많고 교활합니다. 홍문이 홍길동 모자를 총애하자 길동을 해칠 계획을 세우지만 실패합니다.

배경

시간 조선 전기

장소 한양

작품 특징

◆ 허균이 지은 우리나라 최초의 한글 소설입니다.
◆ 신분 차별과 현실 세계 비판을 주제로 하고 있습니다.
◆ 엄청난 능력을 가지고 태어났음에도 서자 출신이라는 이유로 능력을 펼칠 기회를 얻지 못한 홍길동을 통해 사회의 부당함을 말합니다.

오늘의 퀴즈

홍길동이 조직한 무리로, '선량한 백성의 재물에는 절대 손을 대지 않고 가난한 백성을 돕는다'는 무리의 이름은 무엇일까요? _____

오늘의 낱말 익히기

1 오늘의 낱말

서자庶子
뜻 본부인이 아닌 첩이나 다른 여자에게서 난 아들.
비 얼자, 별자, 서얼
반 적자嫡子

호부호형呼父呼兄
뜻 아버지를 아버지라고 부르고 형을 형이라고 부름.

2 한자로 써 보고 익히기

庶	子		庶	子		庶	子	
여러 서	아들 자		여러 서	아들 자		여러 서	아들 자	

呼	父	呼	兄		呼	父	呼	兄
부를 호	아비 부	부를 호	맏 형		부를 호	아비 부	부를 호	맏 형

'아버지를 아버지라고 부르고, 형을 형이라고 부름'이라는 뜻의 사자성어인 '호부호형'을 한자로 적어 보세요.

3 낱말 넣어 문장 만들기

서자 : 홍길동은 서자 출신이기 때문에 버슬길이 막혔다.

내가 만든 문장 ▷

호부호형 : 홍길동은 첩의 자식으로 함부로 호부호형을 하지 못하는 처지였다.

내가 만든 문장 ▷

상상하고 써 보기

1 내가 홍길동이라면

홍길동은 도술이 뛰어나기로 유명합니다. 일곱 개의 허수아비에 주문을 외워 생명을 불어 넣어 자신과 똑같은 모습을 만들기도 했습니다. 전국 팔도에 동시에 나타나게 하는 이 도술은 아주 유명합니다. 만약 내가 홍길동이라면 꼭 해 보고 싶은 도술이 있는지 생각한 후 왜 그런 도술을 해 보고 싶은지 이유도 적어 보세요.

_____

_____

_____

_____

2 내 생각 적어 보기

홍길동은 도적 떼들의 두목이 되어 '활빈당'을 조직합니다. 활빈당은 못된 양반들이나 벼슬아치들을 혼내 주고 그들의 재물을 빼앗아 가난하고 굶주린 백성들에게 나누어 주는 역할을 합니다. 여러분은 홍길동과 활빈당의 이런 행동에 대해 어떻게 생각하나요? 잘한 행동인지 아니면 잘못된 행동인지에 대한 이유도 적어 보세요.

_____

_____

_____

_____

10

금방울전

마침내 아름다운 여인으로 변신한 금방울

곧 만나자, 아가야.

#. 며칠 후

에그머니나! 이게 뭐야?

아니, 이게 뭐야!! 금방울을 낳다니!

후다닥

딸랑~

딸랑~

!!

풍덩~

딸랑~
딸랑~

!!

설마, 이젠
없어지겠지?!

휙

딸랑~
딸랑~

뜨헉!

정말
놀랍구나.

흙길을 굴러도 흙이
묻지 않고, 불에 타도 오히려
더 빛이 날 뿐이니.
이건 보통 물건이 아니야!

남해 용왕의 딸, 금령은
이렇게 과부인 막 씨의 몸을 통해
금방울로 태어나게 되었답니다!

금방울은 향기도
아주 좋았대요~

응?
냄새가 왜 이러지?

중국 명나라에 장원이라는 선비가 오랫동안 자식이 없다가 동해 용왕의 도움으로 아들을 낳게 되었습니다. 선비는 아들을 해룡이라 이름 지었습니다. 하지만 해룡이 세 살 때 도적의 습격을 받고 피난을 가다가, 부모와 헤어지게 되고 도적이었던 장삼이 해룡을 데려가 키우게 됩니다.

한편, 과부인 막 씨는 남편을 잃고 외롭게 살던 중 어느 날 남해 용왕에게 아이를 점지받고 임신합니다. 얼마 후 아이를 낳았는데 놀랍게도 사람이 아닌 금방울이었습니다. 금방울은 요망한 물건이라며 주변 사람들이 없애려고 했으나 금방울이 신기한 능력을 발휘하여 위기를 모면하게 됩니다. 또한 장원의 아내가 죽을병에 걸렸는데, 금방울이 준 신기한 약초로 살아나 장원의 아내와 막 씨는 의자매가 되고, 금방울은 사랑받으면서 자라납니다.

해룡은 장삼의 양자로 자라나지만 장삼의 아내가 아들 소룡을 낳고 장삼이 죽으면서 의붓어머니와 동생에게 심한 박대를 받으면서 지내게 됩니다. 심지어는 동생 소룡이 저지른 살인 누명까지 쓰게 되지만, 금방울의 도움을 받아 겨우 누명을 벗게 됩니다.

이때 황제의 딸 금선공주가 요괴에게 납치되자, 해룡은 금방울의 도움을 받아 요괴를 물리치고 금선공주를 구하게 됩니다. 이러한 공으로 해룡은 금선공주와 결혼하게 되고, 해룡은 전쟁터에 나가 금방울의 도움으로 적을 크게 무찌르는 공을 세우게 됩니다. 또한, 해룡은 금방울의 도움으로 어렸을 때 헤어졌던 부모도 다시 만나게 됩니다. 후에 금방울은 아름다운 여인으로 변하게 됩니다. 황제는 금방울을 금령공주라 부르고 해룡과 혼인하게 해 줍니다.

자세히 알아보기

등장인물

금방울(금령)	남해 용왕의 딸이었으며 동해 용왕의 아들인 해룡과 약혼하지만 요괴에게 쫓겨 약혼자와 헤어지게 됩니다. 이후 아버지의 도움으로 과부 막씨의 딸로 태어나는데 사람의 모습이 아닌 금방울의 모습을 하고 태어납니다. 신비한 능력을 가진 덕분에 해룡이 위험에 처할 때마다 구해 주고, 아름다운 금령공주가 되어 해룡과 결혼하게 됩니다.
해룡	장원 부부의 아들로 태어났으나 어릴 적 부모와 헤어지고 장삼의 손에 자라게 됩니다. 이후 많은 위기와 어려움을 당할 때마다 금방울의 도움으로 위기를 이겨 내고 공주도 구하게 되어 황제의 사위가 됩니다. 결국에는 금방울과도 부부의 연을 맺고 잘 살게 됩니다.
장원 부부	해룡의 부모로 해룡이 어렸을 적에 피난을 가다가 헤어지게 되지만, 금방울의 도움으로 영웅이 된 해룡과 다시 만나게 됩니다.
막 씨	과부로 살던 중 남해 용왕이 자기 딸 금령(금방울)을 점지해 줘서 금방울을 낳게 됩니다. 처음에는 금방울을 없애려고 했지만 나중에는 금방울을 사랑으로 키우게 됩니다.

배경

시간	명나라 시대	**장소**	중국

작품 특징

◈ 지은이는 확실하지 않으며 조선 후기에 지어진 것으로 추정됩니다.
◈ 작품의 배경은 중국이지만 우리의 고전 소설입니다.
◈ 남해 용왕, 동해 용왕, 요괴 등이 등장하는 등 판타지적 요소가 강한 소설입니다.

오늘의 퀴즈

◈ 남해 용왕의 딸이었던 금령이 막 씨를 통해 인간 세계에 태어났을 때의 모습은 어떤 모습이었나요?

_____

금령金鈴
뜻 금이나 금속으로 만든 방울. 비 금방울

부귀영화富貴榮華
뜻 많은 재산과 높은 지위로 누릴 수 있는 영광스럽고 호사스러운 생활.

金	鈴		金	鈴		金	鈴		
쇠 금	방울 령		쇠 금	방울 령		쇠 금	방울 령		

富	貴	榮	華		富	貴	榮	華	
부자 부	귀할 귀	꽃 영	빛날 화		부자 부	귀할 귀	꽃 영	빛날 화	

'많은 재산과 높은 지위로 누릴 수 있는 영광스럽고 호사스러운 생활'이라는 뜻의 사자성어인 '부귀영화'를 한자로 적어 보세요.

금령 : 금방울전은 금령전이라고도 불린다.

내가 만든 문장

부귀영화 : 해룡은 금방울의 도움으로 부귀영화를 누릴 수 있게 되었다.

내가 만든 문장

상상하고 써 보기

1 내가 해룡이라면

해룡은 죽을 고비에 빠졌을 때도, 어려움을 당할 때도 금방울이 나타나 도와주곤 합니다. 해룡에게 금방울은 행운처럼 느껴집니다. 내 인생에 행운처럼 느껴지는 것이 있나요? 또 왜 그렇게 생각하는지 생각해 보고 그 이유도 적어 보세요.

\
\
\
\
\

2 내 생각 적어 보기

금방울은 해룡이 위험과 어려움에 처할 때마다 계속 도와줍니다. 해룡은 그 결과로 큰 공을 세우고 황제의 딸 금선공주와도 결혼하게 됩니다. 여러분은 살아가면서 금방울처럼 누군가를 도와줄 수 있다면 누구를 돕고 싶나요? 그리고 어떤 방법으로 돕고 싶은지 생각해 보고 적어 보세요.

\
\
\
\

11

온달전

바보 온달이 온달 장군이 되다

어느덧 세월이 흘러 평강공주는 시집갈 나이가 되었어요.

공주야~ 이제 너도 혼사를 치를 때가 되었구나! 혹시 마음에 드는 집안이 있느냐?

아바마마! 저는 바보 온달에게 시집가겠습니다.

아니! 그게 무슨 말이냐?

어려서부터 아바마마께서 그렇게 말씀하셨잖아요~!

그거야, 네가 하도 우니까 장난삼아 거짓말했던 거지!

한 나라의 왕이신 아바마마께서 거짓말이라니요? 말도 안 됩니다!

저는 아바마마가 말씀하신 대로 바보 온달에게 시집가겠어요!

공주를 내쫓아라!!

뻥!

화가 난 왕은 평강공주를 궁 밖으로 내쫓았어요.

우와~

평강공주가 혼인하려고 바보 온달을 찾아 길을 떠났어!

랄라야! 넌 길을 떠날 필요 없어!

응? 왜?

오빠가 네 신랑감을 벌써 데리고 왔거든!

우과~ 우과~

퍽! 퍽!

고구려 평강왕 때 온달이라는 사람이 있었습니다. 그의 집은 몹시 가난하고 생김새도 못생기고 우스꽝스러워 사람들은 그를 '바보 온달'이라 놀렸습니다. 하지만 온달은 착한 심성을 가졌고, 늙은 어머니를 잘 봉양하였습니다.

한편 평강왕에게는 어린 평강공주가 있었는데 툭하면 울곤 했습니다. 이런 딸에게 왕은 장난삼아 이렇게 말하곤 했습니다.
"너는 항상 울어서 귀를 시끄럽게 하니 커서 바보 온달의 아내가 되어야겠구나."
어느덧 공주가 성인이 되자 평강왕은 공주를 귀족과 결혼시키려고 했습니다. 하지만 평강공주는 어렸을 때부터 바보 온달에게 시집을 보낸다고 했으니 자신은 바보 온달과 혼인하겠다고 말했습니다. 이에 화가 난 왕은 공주를 궁 밖으로 내쫓습니다.

궁에서 쫓겨난 평강공주는 온달의 집으로 찾아가 온달과 혼인하려고 합니다. 하지만 온달과 온달의 어머니는 말도 안 된다며 극구 반대합니다. 하지만 평강공주의 뜻이 워낙 완고하여 결국 둘은 혼인하게 됩니다. 평강공주는 자신이 지니고 있던 패물을 팔아 집안을 일으키고, 남편이 된 온달이 학문과 무예를 닦을 수 있도록 돕습니다. 마침내 온달은 사냥 대회에 나가 뛰어난 기량을 발휘하여 주변 사람들을 놀라게 합니다. 이후 중국이 고구려를 쳐들어왔을 때 온달은 전쟁터에 나가 용감하게 싸워 큰 공을 세우게 됩니다. 왕은 온달을 사위로 맞아들이고 높은 벼슬을 주었습니다.

시간이 흘러 평강왕에 이어 영양왕이 왕이 되었습니다. 장군이 된 온달은 신라에게 빼앗긴 땅을 되찾겠다며 군사를 이끌고 전쟁터에 나갑니다. 하지만 온달 장군은 아차성에서 신라군과 싸우다가 날아든 화살에 맞아 죽고 맙니다. 온달의 장례를 치르려 하는데 온달의 관이 꿈쩍도 하지 않았습니다. 이때 평강공주가 와서 관을 어루만지며 위로의 말을 건네니 그때서야 관이 움직여 땅에 묻을 수 있었다고 합니다.

자세히 알아보기

등장인물

온달
가난한 집에서 태어나고 생김새도 우스꽝스러워 사람들은 '바보 온달'이라고 놀렸습니다. 하지만 심성이 착하고 늙은 어머니에 대한 효심이 지극했습니다. 어른이 되어 평강공주와 결혼을 한 후 평강공주의 도움으로 훌륭한 장군이 되어 나라에 큰 공을 세웁니다.

평강공주
고구려 평강왕의 딸로 태어나지만 바보 온달에게 시집을 갑니다. 남편 온달에게 글 공부와 무예를 닦을 수 있도록 길을 열어 주어 고구려의 장군이 되게 합니다.

평강왕
평강공주의 아버지로 평강공주가 성인이 되었을 때 귀족에게 시집을 보내려고 했으나 평강공주가 말을 듣지 않자 궁궐에서 내쫓습니다.

배경

시간 고구려 평강왕, 영양왕 시절

장소 고구려 수도 평양

작품 특징

◆ 『삼국사기』에 나오는 「온달전」 내용을 소설화한 것입니다.
◆ 지은이는 확실하지 않습니다.
◆ 온달은 고구려 평강왕, 영양왕 때의 실제 장수입니다.

오늘의 퀴즈

온달은 장군이 된 후 빼앗긴 고구려의 영토를 되찾기 위해 전쟁터에 나갑니다. 온달 장군은 어느 나라와의 전투에서 죽게 되나요?

_____

1 오늘의 낱말

장군將軍
뜻 군을 지휘하고 통솔하는 무관.
비 장수, 장성

괄목상대刮目相對
뜻 눈을 비비고 상대방을 본다는 뜻으로 남의 학식이나 재주가 놀랄 만큼 부쩍 늘었음을 이르는 말.
비 일취월장日就月將

2 한자로 써 보고 익히기

將	軍		將	軍		將	軍		
장수 **장**	군사 **군**		장수 **장**	군사 **군**		장수 **장**	군사 **군**		
刮	目	相	對		刮	目	相	對
비빌 **괄**	눈 **목**	서로 **상**	대할 **대**		비빌 **괄**	눈 **목**	서로 **상**	대할 **대**

'눈을 비비고 상대방을 본다'라는 뜻의 사자성어인 '괄목상대'를 한자로 적어 보세요.

3 낱말 넣어 문장 만들기

장군 : 마침내 바보 온달은 온달 장군이 되었다.

내가 만든 문장 〉

괄목상대 : 평강공주의 도움으로 바보 온달은 괄목상대할 정도가 되었다.

내가 만든 문장 〉

상상하고 써 보기

1 내가 평강공주라면

온달은 장군이 되어 신라에게 빼앗긴 고구려의 영토를 되찾기 위해 전쟁터에 나갑니다. 하지만 안타깝게도 신라군이 쏜 화살에 맞아 죽고 맙니다. 온달의 장례를 치러야 하지만 온달의 관은 꼼짝도 하지 않았습니다. 평강공주가 관을 어루만지며 위로하자 그때서야 관이 움직였다고 합니다. 내가 평강공주라면 온달 장군에게 무어라 위로했을지 생각해 보고 적어 보세요.

---

2 내 생각 적어 보기

평강공주는 아버지 평강왕이 귀족과 혼인시키려고 하는 뜻에 따르지 않고 한사코 바보 온달과 결혼하겠다고 나섭니다. 평강공주는 왜 바보 온달과 결혼하려고 했는지 추측해 보고 적어 보세요.

12

운영전

죽음으로 치달은 애달픈 사랑

#. 세종대왕의 셋째 안평 대군은, 궁녀 열 명에게 시를 가르쳤다.

누군가를 그리워하는 시구나.

설마 네가 누군가와 사랑에 빠진 것이냐?

아니옵니다.

그것은 안평 대군께서 금지하신 것인데 어찌 소녀가 금지하는 일을 행하겠사옵나이까. 이 글은 그저 시에 지나지 않습니다.

흐음…

운영은, 김 진사를 사랑하고 그리워했지만 그 마음을 숨겨야 했어요.

하지만 꼬리가 길면 잡히는 법이지요. 결국 운영이 궁을 탈출하여 김 진사에게 가려던 계획이 안평 대군에게 발각되고 말았어요.

여봐라! 운영을 당장 감옥에 가두어라!!

흐흑.

이루어질 수 없는 사랑 앞에 운영은 결국 목을 매어 자결하고 말았어요.

그리고 운영이 죽자, 김 진사 또한
식음을 전폐하고 운영을 따라 죽음을 선택합니다.

휘이이~

헉, 꿈이었나?

운영전

하~
참으로 애달픈 사랑이로다.

오싹~

앗!

덜덜덜덜

조선 선조 임금 때 가난한 선비 유영이 세종의 아들인 안평 대군의 옛집인 수성궁에 놀러 갔다가 깜빡 잠에 듭니다. 그는 꿈속에서 운영이라는 아름다운 여인과 김 진사를 만나게 됩니다. 슬퍼하는 두 사람에게 이유를 묻자 운영은 이야기를 시작하고 책 표지에 '운영전'이라 쓴 뒤 받아 적기 시작합니다.

세종대왕의 아들 안평 대군은 궁궐에서 나와 수성궁에 살았는데 책을 읽고 시 짓는 것을 좋아했습니다. 아름다운 궁녀 열 명을 뽑아 학문을 가르치고 시를 짓게 했습니다. 이들의 존재는 바깥에는 철저히 비밀에 붙였고 이들의 바깥출입도 철저히 금지시켰습니다.

운영은 안평 대군을 찾아온 김 진사라는 젊은이를 보는 순간 그를 사랑하게 됩니다. 이후 서로 사랑하는 마음을 담은 편지를 몰래 주고받기 시작합니다. 하지만 이것은 안평 대군이 철저히 금지하는 것이었습니다. 어느 날 안평 대군은 운영이 지은 시를 보고 누군가를 그리워한다는 사실을 눈치 챕니다. 운영과 김 진사의 관계를 눈치 챈 안평 대군은 운영을 심문하지만 운영은 죽을 각오로 이를 숨기고 자백하지 않습니다.

1년에 한 번 추석에 개울로 빨래를 하러 나갈 기회를 얻은 운영은 무녀의 도움으로 김 진사를 만나게 됩니다. 이후로 밤마다 김 진사는 담을 넘어 운영을 만나러 옵니다. 하지만 꼬리가 길면 밟히는 법이지요. 둘의 관계가 안평 대군의 귀에 들어가게 됩니다. 이들은 마침내 탈출을 계획합니다. 김 진사는 특이라는 종에게 운영의 귀중품을 모두 밖으로 옮기게 합니다. 하지만 특은 이것을 몰래 빼돌리고 맙니다. 뒤늦게 운영의 탈출 계획을 알게 된 안평 대군은 운영을 감옥에 가둡니다. 이에 운영은 목을 매어 자결하고 맙니다. 운영이 죽자 김 진사 또한 식음을 전폐하고 슬퍼하다 운영을 따라 스스로 목숨을 끊습니다.

이야기를 듣던 유영은 산새 우는 소리에 깨어 주위를 살펴보니 운영과 김 진사의 이야기를 기록한 '운영전' 책자만이 덩그러니 남아 있었습니다. 유영은 그 책을 가지고 집으로 가지고 돌아왔습니다.

자세히 알아보기

등장인물

운영
안평 대군 수성궁의 궁녀입니다. 궁녀에게 허락되지 않은 금지된 사랑에 빠지게 됩니다. 결국 이 사랑을 이루지 못해 스스로 목숨을 끊는 비운의 주인공입니다.

김 진사
안평 대군의 수성궁에 드나들다 운영과의 운명적인 사랑에 빠지게 됩니다. 하지만 운영과의 사랑은 이뤄지지 않고 운영이 죽자 김 진사도 죽음을 택합니다.

유영
가난한 선비로 수성궁에 놀러 갔다 술에 취해 잠든 사이 꿈속에서 운영과 김 진사의 애틋한 사랑 이야기를 듣고 세상에 알립니다.

안평 대군
세종대왕의 아들로 풍류를 즐기는 인물입니다. 운영을 포함한 궁녀 열 명을 뽑아 학문과 시를 가르칩니다. 김 진사와 사랑에 빠진 운영을 결국 죽음으로 내몹니다.

배경

시간 조선 시대

장소 수성궁(안평 대군의 집)

작품 특징

◈ 언제 누가 지었는지 전해지지 않습니다.
◈ 궁녀인 운영과 김 진사의 애절한 사랑을 다룬 유영의 꿈 이야기입니다.
◈ 대부분의 고전 소설이 행복한 결말로 끝나지만 이 작품은 비극으로 끝납니다.

오늘의 퀴즈

안평 대군이 궁궐을 나와 살던 집의 이름은 무엇인가요?

_____

1 오늘의 낱말

애정愛情	오매불망寤寐不忘
뜻 사랑하는 마음. 비 사랑, 연정	뜻 자나 깨나 잊지 못함. 비 연연불망戀戀不忘

2 한자로 써 보고 익히기

愛	情			愛	情		愛	情		
사랑 애	뜻 정			사랑 애	뜻 정		사랑 애	뜻 정		

寤	寐	不	忘		寤	寐	不	忘
깰 오	잠잘 매	아니 불	잊을 망		깰 오	잠잘 매	아니 불	잊을 망

'자나 깨나 잊지 못함'을 일컫는 말로 사랑하는 남녀가 서로를 그리워하고 잊지 못할 때 쓰는 사자성어 '오매불망'을 한자로 적어 보세요.

3 낱말 넣어 문장 만들기

애정: 운영은 김 진사를 보는 순간 애정이 싹트기 시작했다.

내가 만든 문장

오매불망: 운영과 김 진사는 서로를 오매불망 그리워했다.

내가 만든 문장

1 내가 운영이라면

궁녀 신분으로 김 진사와의 금지된 사랑에 빠진 운영은 결국 안평 대군에게 발각되고 맙니다. 이에 운영은 수성궁에서의 탈출을 결심하게 됩니다. 내가 운영이라면 나는 어떤 선택을 했을 지 생각해 보고 적어 보세요.

_____

_____

_____

_____

_____

2 내 생각 적어 보기

오늘날에는 운영과 김 진사의 사랑을 금지시킨 안평 대군을 이해할 수 없습니다. 하지만 그 당시는, 궁녀와 외간 남자와의 사랑이 금지된 때였습니다. 금지된 사랑을 하던 운영과 김 진사의 심경은 어땠을까요? 내가 그들이라면 어떻게 했을지 생각해 보고, 적어 보세요.

_____

_____

_____

_____

_____

13

이생규장전

삶과 죽음도 뛰어넘은 애절한 사랑

이생은 부인이 귀신인 걸 알면서도
몇 년을 행복하게 살았어요.
그러던 어느날

낭군님,
저는 이제 가야 합니다.

아니,
어딜 간다는 말이오?!

이제
이승에서의 인연이 다해서
더는 머물 수가 없습니다.

그럼
나도 부인을
따라가겠소!

안 돼요.
낭군님은 이승의 삶이 남아 있으니
여기 계셔야지요.

부인…

최랑은 그렇게
사라졌어요.

휘이이잉

이생은 최랑의 유골을 거두어
부모님 무덤 옆에
장사를 지내 주었어요.

그리고 최랑을 그리워하던
이생은 몇 달 뒤
세상을 떠나고 맙니다.

어흑~
너무 슬퍼.

나도~
나도~

크흑~
엉엉~~~~

송도(개성) 낙타교 근처에 이생이 살고 있었는데, 그의 나이는 열여덟 살로 국학에 공부하러 다녔으며 외모와 재주가 뛰어났습니다. 이생이 글공부하러 다니는 길목에 최랑이라는 귀족 처녀가 살고 있었는데 자태가 아름답고 자수에 능하며 시와 문장을 잘 지었습니다.

하루는 이생이 우연히 담장 너머로 최랑을 훔쳐보는데 그 아름다운 자태에 빠져들고 맙니다. 최랑은 이생이 훔쳐보는 것을 알고 이생을 유혹하는 시를 지어 읊고, 이생은 이 시를 듣고 자신도 답시를 적어 담장 안에 던지며 둘은 만남을 시작합니다.

이생과 최랑은 최랑의 집 후원(집 뒤에 있는 정원이나 작은 동산) 작은 별당에서 만남을 이어갑니다. 하지만 이생의 아버지가 이들의 관계를 눈치채고 이생을 지방으로 보내 버립니다. 이에 최랑은 상사병이 들어 자리에 눕고 맙니다. 최랑이 죽을 위기에 처하자 최랑의 부모님은 이생 아버지를 설득하여 마침내 둘은 혼인하게 됩니다. 이후 이생은 과거 시험에 합격하여 높은 벼슬에 오르고 행복한 한때를 보냅니다.

하지만 1361년 홍건적이 쳐들어와 양가의 부모는 물론이고 최랑도 죽음을 면치 못합니다. 이생은 가까스로 살아남지만 집으로 돌아왔을 때 부인 최랑은 이미 이 세상 사람이 아니었습니다. 어느 날 밤 슬픔에 잠긴 나날을 보내던 이생 앞에 최랑이 나타납니다. 최랑은 이승에서 못다 한 인연을 다하기 위해 돌아온 귀신이었습니다. 둘은 한동안 시를 주고받으며 행복한 시간을 보냅니다.

몇 년이 지난 어느 날 최랑은 이생에게 이제는 이승에서의 인연이 다해 더 머물 수가 없다고 말하며 이생을 떠납니다. 이생은 최랑의 유골을 찾아 부모님 무덤 옆에 장사를 지내 줍니다. 이생은 최랑이 떠난 후 지난 날들을 그리워하다가 병을 얻어 결국 몇 달 뒤에 세상을 떠나고 맙니다.

등장인물

| 이생 | 이생(李生)은 이씨 성을 가진 선비라는 뜻입니다. 최랑이라는 운명적인 사랑을 만나게 된 후, 최랑과 세 번에 걸쳐 만남과 헤어짐을 반복하며 애절한 사랑을 나눕니다. |

| 최랑 | 부잣집 귀족 집안에서 태어났으며 아름답고 자수에 능하며 시와 문장도 잘 지었습니다. 이생과 만나 혼인해서 행복하게 살지만 홍건적이 쳐들어왔을 때 죽고 맙니다. 하지만 이생과의 못다 한 인연을 다하기 위해 귀신으로 돌아왔습니다. 이생과 사랑을 나누다 결국에는 저승으로 돌아갑니다. |

| 이생 아버지 | 이생이 최랑과 사랑에 빠진 것을 알고, 둘을 떼어 놓으려 이생을 지방으로 보내 버립니다. 하지만 최랑 부모님의 설득에 이생과 최랑의 혼인을 허락합니다. |

배경

| 시간 | 고려 시대 | | 장소 | 송도(개성) |

작품 특징

◆ 15세기 조선 세조 때 김시습이 지은 고전 소설입니다.
◆ 이생과 최랑의 세 번에 걸친 만남과 이별을 주제로 한 사랑 이야기입니다.
◆ 「이생규장전」은 '이생이 담장을 엿보는 이야기'라는 의미입니다.

오늘의 퀴즈

이생과 최랑은 처음 서로의 마음을 이것으로 지어 주고받다가 사랑에 빠집니다. 이생과 최랑은 무엇을 주고받으면서 사랑을 키웠나요?

_____

국학國學
뜻 고려 시대 선비들을 모아 교육시키던 중앙의 교육 기관. 비 성균관

백년가약百年佳約
뜻 젊은 남녀가 결혼하여 백 년을 잘 살겠다고 다짐하는 아름다운 약속. 비 백년언약, 백년해로

2 한자로 써 보고 익히기

國	學		國	學		國	學	
나라 **국**	배울 **학**		나라 **국**	배울 **학**		나라 **국**	배울 **학**	

百	年	佳	約		百	年	佳	約
일백 **백**	해 **년**	아름다울 **가**	약속 **약**		일백 **백**	해 **년**	아름다울 **가**	약속 **약**

'젊은 남녀가 결혼하여 백 년을 잘 살겠다고 다짐하는 아름다운 약속'을 일컬을 때 쓰는 사자성어 '백년가약'을 한자로 적어 보세요.

_____

3 낱말 넣어 문장 만들기

국학 : 이생은 국학으로 공부하러 오가는 길에 최랑을 만나게 되었다.

> 내가 만든 문장

백년가약 : 최랑과 이생은 백년가약을 맺고 그 약속을 지키기 위해 목숨을 바쳤다.

> 내가 만든 문장

상상하고 써 보기

1 내가 이생이라면

"저는 조금도 두렵지 않습니다. 언젠가 이 일이 알려지게 되더라도 부모님의 꾸지람은 제가 모두 받겠습니다. 부모님께서 제 소원을 들어 주신다면 남은 목숨을 보존하겠지만, 만약 부모님이 거절하신다면 죽음만이 있을 뿐입니다."

이 말은 최랑이 사랑에 빠져 부모님 몰래 이생을 만났을 때 이생에게 한 말입니다. 내가 이생이라면 최랑의 이 말을 듣고 어떤 말을 했을지 생각해 보고 적어 보세요.

---

2 내 생각 적어 보기

최랑은 홍건적에 의해 죽은 뒤에도 이생과의 못다 한 사랑을 이루기 위해 귀신으로 환생합니다. 이런 환상적인 설정은 지금도 영화나 드라마에서 반복하여 나타나는 소재입니다. 이런 이야기가 예전부터 사람들의 관심을 끄는 이유가 무엇이라고 생각하는지 적어 보세요.

'개와 머릿니 중에서 누가 더 중요할까요?'라는 질문에 당연히 '개'라고 쉽게 대답하는 친구들이 많을 것입니다. 하지만 「슬견설」이라고 하는 옛이야기를 읽고 나면 생각이 바뀔 수도 있을 것입니다. 「슬견설」 이야기는 머릿니와 개를 놓고 나와 누군가(객)와 토론하는 내용입니다. 「규중칠우쟁론기」는 바늘, 실, 골무, 다리미, 가위, 자, 인두가 잘난 척하며, 바느질에서 무엇이 가장 중요한지를 다투는 이야기입니다. 「두껍전」은 누구의 나이가 가장 많은지를 놓고 동물들끼리 나름의 논리를 들어 겨루는 이야기입니다. 이런 이야기들을 읽다 보면 웃기기도 하고 재미도 있지만, 무엇보다 생각이 깊어지고 지혜가 생기기 마련입니다.

옛이야기를 읽을 때 가장 큰 장점을 한 가지 꼽으라고 한다면, 옛이야기를 통해 지혜가 생기는 것입니다. 하나의 옛이야기를 읽은 사람과 읽지 않은 사람은 생각의 폭과 깊이가 다를 수밖에 없습니다. 사물의 이치를 빨리 깨닫고 정확하게 처리하는 능력이 생길 뿐만 아니라, 대수롭지 않게 여기던 일도 다시 생각해 보게 만듭니다.

만 냥으로 백만 냥을 번 허생이나 조선 시대 가장 유명했던 암행어사인 박문수는, 아마 다른 사람들보다 지혜로웠기 때문에 후대에 이름을 남긴 것은 아닐까요? 여기에 소개된 옛이야기들을 읽어 가면서 여러분의 지혜가 한 뼘 더 자라길 바랍니다.

3장

우리에게 필요한
삶의 지혜

14 장끼전

고집불통 장끼

덩석

꽉 아아!!

!!

아이고~ 여보!
내 말을 안 듣더니 결국
덫에 걸리고 말았군요!

성큼 성큼

?

픽!

고집 부리지 말고
엄마 말씀
잘 들읍시다~!

어느 추운 겨울날 배고픈 꿩 가족은 먹이를 찾아 나섭니다. 남편 장끼와 아내 까투리 그리고 아들 아홉 마리, 딸 열두 마리는 추위와 굶주림에 몹시 지쳐 있었습니다. 함께 들판 이곳저곳을 헤매다가 먹음직스러운 검붉은 콩을 한 개 발견합니다.

콩을 보자마자 장끼는 눈이 뒤집힙니다.
"그 콩 참 먹음직스럽게 보이는구나. 내가 굶주린 것을 알고 하늘이 저 콩을 내려 주신 것임에 틀림없다. 나에게 굴러 들어온 복이니 어서 먹어 보자."
하지만 아내 까투리는 콩이 아무래도 수상하다며 남편 장끼에게 먹지 말라고 극구 말립니다. 더구나 지난밤 남편이 죽는 불길한 꿈을 꾸었기에 그 콩을 절대 먹지 말라고 합니다. 하지만 남편 장끼는 자기도 꿈을 꿨는데 옥황상제께 문안 인사를 드리는 아주 좋은 꿈을 꿨다고 말합니다. 그러고는 아내 까투리의 말을 무시한 채 콩을 덥석 물었습니다. 그 순간 장끼는 덫에 걸리고 맙니다. 그 콩은 사냥꾼 탁첨지가 꿩을 잡기 위해 뿌려 놓은 미끼였던 것입니다.

장끼는 덫에 걸려서도 자기 맥을 짚어 보라는 둥, 눈동자가 온전한지 봐 달라는 둥 말도 안 되는 요구를 합니다. 결국 장끼는 까투리에게 재혼을 하지 말라는 말을 남기고 죽게 됩니다.

까투리는 장끼의 깃털 하나를 주워서 남편의 장례를 치르게 됩니다. 문상을 왔던 까마귀, 부엉이, 물오리 등이 까투리에게 결혼을 하자며 청혼을 하지만 까투리는 이들의 청혼을 거절합니다. 하지만 문상을 왔던 홀아비 장끼가 청혼을 하자 까투리는 흔쾌히 받아들이고 둘은 혼인을 하게 됩니다.

까투리는 새로 얻은 남편과 아홉 아들과 열두 딸과 함께 깊은 산속으로 들어가 겨울을 납니다. 이듬해 봄이 돌아오자 아들과 딸 모두 시집, 장가를 보내고 장끼와 까투리는 사이좋게 여기저기 여행을 하다가 목숨이 다해 큰물에 빠져 조개가 되었다고 합니다.

등장인물

장끼	추운 겨울날 콩 하나를 발견합니다. 그 콩을 먹지 말라는 아내 까투리의 충고를 무시하고 그 콩을 먹다가 덫에 걸려 죽게 됩니다. 남의 말을 잘 듣지 않고 자기만 아는 이기적이고 어리석은 인물로 그려집니다. 덫에 걸려 죽기 전에도 "정절을 지키고 수절하라"는 말을 남기기도 하였습니다.
까투리	남편 장끼와 달리 신중하고 조심성이 많고 사려가 깊습니다. 콩을 먹으려는 남편을 어떻게든 설득해서 먹지 못하게 하려고 합니다. 남편이 죽은 후에 홀아비가 된 지 3년이 된 또 다른 젊은 장끼와 재혼을 하여 잘 살게 됩니다.
탁첨지	덫을 설치한 사람으로 멀리서 망을 보고 있다가 장끼가 덫에 걸리자 덩실덩실 춤을 추며 장끼를 덫에서 꺼내 들고 산을 내려갑니다.

배경

시간	옛날	**장소**	어느 깊은 숲속

작품 특징

◈ 판소리 '장끼 타령'을 소설화한 작품이지만 정작 판소리는 전해지지 않습니다.

◈ 지은이와 지어진 연대는 정확히 알려지지 않았습니다.

◈ 수꿩 장끼와 암꿩 까투리가 주인공으로 등장하는 우화 소설입니다.

오늘의 퀴즈

장끼가 죽자 까마귀, 부엉이, 물오리, 홀아비 장끼 등 여러 짐승들이 까투리에게 자신과 결혼하자며 청혼을 합니다. 까투리는 이들 중 누구와 재혼을 하게 됩니까?

오늘의 낱말 익히기

1 오늘의 낱말

문상問喪

뜻 남의 죽음에 대해 슬퍼하고 상주를 위문함.
비 조문, 조위

고집불통固執不通

뜻 조금의 융통성도 없이
자기주장만 계속 내세우는 사람.
비 고집쟁이, 고집통, 옹고집

2 한자로 써 보고 익히기

問	喪		問	喪		問	喪	
물을 문	죽을 상		물을 문	죽을 상		물을 문	죽을 상	

固	執	不	通		固	執	不	通
굳을 고	잡을 집	아니 불	통할 통		굳을 고	잡을 집	아니 불	통할 통

'조금의 융통성도 없이 자기주장만 계속 내세우는 사람'이라는 뜻의 사자성어인 '고집불통'을 한자로
적어 보세요.

3 낱말 넣어 문장 만들기

문상 : 까투리는 문상을 온 홀아비 장끼와 재혼을 했다.

내가 만든 문장

고집불통 : 장끼는 콩을 먹지 말라는 까투리의 충고에 고집불통이었다.

내가 만든 문장

100

상상하고 써 보기

1 내가 까투리라면

한겨울 꿩가족은 배가 몹시 고파 이리저리 먹을 것을 찾아 헤맸습니다. 그러던 중 장끼는 아주 먹음직스러운 검붉은 콩을 한 개 발견합니다. 장끼는 그 콩을 보자마자 하늘이 내려 준 복이라며 먹어 치우려고 합니다. 하지만 까투리는 남편 장끼를 말리면서 다음과 같이 말합니다.

"여보, 아무래도 그 콩은 먹지 않는 게 좋겠어요. 그 콩의 주위는 일부러 사람이 던져 놓은 것처럼 보여요. 그리고 주위에 발자국이 나 있는 것을 보니 아무래도 수상하오."

하지만 남편 장끼는 아내 까투리의 조언을 무시하고 덥석 콩을 물다가 덫에 걸려 죽게 됩니다. 내가 까투리라면 장끼에게 뭐라 말해 줬을지 생각해 보고 적어 보세요.

_____

_____

2 내 생각 적어 보기

춥고 배고픈 장끼가 먹음직스러운 붉은 콩을 발견했을 때 장끼는 하늘이 자신에게 내린 큰 행운이라 생각했습니다. 하지만 결과적으로 그것은 행운이 아닌 장끼를 죽음으로 몰아간 돌이킬 수 없는 불행이었습니다. 이렇게 장끼처럼 인생을 살다 보면 뜻하지 않은 행운처럼 보이는 것을 만나기도 합니다. 이런 행운을 어떻게 대하면 좋을지 생각해 보고 적어 보세요.

_____

_____

_____

_____

15

양반전

양반 신분을 돈으로 사고파는 세상

물을 후루룩 마시지 말기,

담배 피울 때 볼이 패도록 빨지 않기,

생파 먹지 않기! 등을 지켜야 하옵니다!

스읍~

뻐오오~~

아니, 이것들이 정말 양반들의 규칙이란 말이오?

그렇소!

난 그런 양반은 되기 싫소! 싫어~~

쌔앵~

이후 부자는 죽을 때까지 양반이 되겠다는 말을 하지 않았다고 합니다.

강원도 정선에 가난한 양반이 살고 있었습니다. 그는 어질고 책읽기를 좋아했지만 관가에서 쌀을 빌려 먹으며 근근이 살아가는 몰락한 양반이었습니다. 관가에서 빌린 쌀이 여러 해가 되어 천 석에 이르렀습니다. 옆집에는 돈이 많은 부자가 살고 있었습니다. 하지만 아무리 돈이 많아도 평민 계급이었기 때문에 양반에게 굽신대고 천대받는 처지였습니다.

양반은 가난하면서도 양반 체면에 일을 하지 않고 글만 읽다 보니 관가에서 빌린 쌀을 갚지 못해 감옥에 갈 처지가 되었습니다. 이를 알게 된 부자는 양반에게 가서 자신이 빚을 대신 갚아줄 테니 양반 신분을 팔라고 합니다. 이에 양반은 양반 문서를 내어 줍니다.

관가에서 빌린 쌀을 모두 갚은 사실에 놀란 군수가 가난한 양반 집에 들렀다가 이 사실을 알게 됩니다. 군수는 양반을 불쌍히 여기고 양반 신분을 다시 회복시켜 주고 싶어 합니다. 이에 군수는 나중에 흠이 될 수 있으니 사람들 앞에서 증서를 만들어 확실하게 해 두자는 제안을 하게 됩니다.

군수는 평민이 된 양반과 양반이 된 부자, 그리고 마을 사람들을 모아 놓고 부자에게 양반이 지켜야 할 규칙들을 말해 줍니다. 걸음 느릿느릿 걷기, 양치질해서 입 냄새 내지 않기, 새벽 네 시에 일어나 이부자리 정돈하기, 손으로 돈 만지지 말기, 더워도 버선 벗지 않기, 국을 먼저 훌쩍훌쩍 떠먹지 말기, 물을 후루룩 마시지 말기, 담배 피울 때 볼이 패도록 빨지 않기, 생파 먹지 않기 등 규칙들은 하나같이 양반의 체면과 겉치레가 가득한 규칙들이었습니다.

양반이 지켜야 하는 규칙을 듣던 부자는 깜짝 놀라 그만 읽으라고 말합니다. 자신을 도둑놈으로 만들 작정이냐고 따진 후 머리를 절레절레 흔들고는 양반으로 살지 않겠다며 도망치고 맙니다. 이후 부자는 죽을 때까지 양반이 되겠다는 말을 하지 않았다고 합니다.

자세히 알아보기

등장인물

가난한 양반
어질고 책읽기를 좋아하지만 매우 가난합니다. 하지만 양반 체면에 일은 하지 않고 관가에서 많은 쌀을 빌려다 먹고 그것을 갚지 못해 감옥에 갇힐 신세가 됩니다. 부자 평민에게 양반 문서를 팔아 빚을 갚게 됩니다.

부자 평민
가난한 양반과 같은 동네에 사는 부자입니다. 하지만 아무리 돈이 많아도 양반들로부터 무시와 천대를 받습니다. 이에 가난한 양반의 빚을 갚아 주고 양반이 되고자 합니다. 하지만 양반이 지켜야 하는 수많은 겉치레 규칙에 기겁하고 양반이 되기를 포기합니다.

군수
많은 사람들 앞에서 양반 증서를 만든다는 핑계로 양반들의 겉치레 규칙을 제시하여 양반 문서 거래가 취소되도록 유도하는 역할을 합니다.

배경

시간 조선 후기

장소 어느 고을

작품 특징

◆ 조선 정조 임금 때 박지원이 지은 한문 단편 소설입니다.
◆ 지어진 정확한 연대는 알려지지 않았습니다.
◆ 신분 제도가 점점 무너져 가는 조선 후기의 역사적 상황이 잘 그려진 작품입니다.

오늘의 퀴즈

◆ 가난한 양반은 관가에서 빌린 쌀을 갚지 못해 감옥에 갈 처지가 되자 무엇을 팔아 자신의 빚을 갚게 되나요? _____

◆ 양반이 지켜야 할 규칙 중 '더워도 ( ) 벗지 않기'가 있습니다. 옛날 사람들이 신던 양말은 무엇인가요? _____

오늘의 낱말 익히기

1 오늘의 낱말

평민平民
뜻 예전 계급 사회에서 벼슬이 없는 일반 백성.
비 **상민**常民
반 **귀족, 양반**

표리부동表裏不同
뜻 겉으로 드러나는 것과 속으로 가지는
생각이 다름. 겉과 속이 다름을 이르는 말.
비 **구밀복검**口蜜腹劍

2 한자로 써 보고 익히기

平	民		平	民		平	民		
평평할 **평**	백성 **민**		평평할 **평**	백성 **민**		평평할 **평**	백성 **민**		

表	裏	不	同		表	裏	不	同	
겉 **표**	속 **리**	아니 **부**	같을 **동**		겉 **표**	속 **리**	아니 **부**	같을 **동**	

'겉으로 드러나는 것과 속으로 가지는 생각이 다름'이라는 뜻의 사자성어인 '표리부동'을 한자로 적
어 보세요.

---

3 낱말 넣어 문장 만들기

평민 : 부자 평민은 양반 문서를 사서 양반이 되었다.

내가 만든 문장 ⟩

표리부동 : 양반들은 체면과 겉치레를 중시하는 표리부동한 사람들이 많다.

내가 만든 문장 ⟩

상상하고 써 보기

1 내가 양반이라면

걸음 느릿느릿 걷기, 양치질해서 입 냄새 내지 않기, 새벽 네 시에 일어나 이부자리 정돈하기, 손으로 돈 만지지 말기, 더워도 버선 벗지 않기, 국을 먼저 훌쩍훌쩍 떠먹지 말기, 물을 후루룩 마시지 말기, 담배 피울 때 볼이 패도록 빨지 않기, 생파 먹지 않기 등

군수가 양반 신분을 사려는 부자 평민에게 양반이라면 당연히 지켜야 할 규칙이라고 내민 것들입니다. 정말 어이없고 웃음이 나는 규칙이 아닐 수 없습니다. 만약 내가 양반이라면 꼭 지켜야 할 규칙 세 가지를 생각해 보고 적어 보세요.

1: _____

2: _____

3: _____

2 내 생각 적어 보기

「양반전」을 지은 박지원은 먹을 것이 없는데도 양반이라고 일하지도 않는 무능한 양반과, 돈으로 양반 신분을 사려고 하는 부자 평민의 잘못된 태도를 비판합니다. 만약 내가 이 시대에 바로잡고 싶은 것이 있다면 어떤 것이 있나요? 그리고 그것을 왜 바로잡고 싶은지 이유도 적어 보세요.

_____

_____

_____

_____

16

⊣ 박씨 부인전 ⊢

적장을 물리치고 나라를 구한 여인

으악~!
너, 너무 못생겼어~~

.....

쌔앵~

못생긴 얼굴을 보고
깜짝 놀란 남편 시백은
그 후로 박씨 부인을
찾지 않았어요.

그래서 박 씨는 뒷마당에
'화를 피하는 안전한 곳'이라는
뜻의 작은 집, '피화당'을 짓고
홀로 지냈어요.

피화당

그런데 박 씨는
재주가 아주 뛰어났어요!

허어~
내일 입고 갈 관복이
없군! 이를 어쩌나….

아버님,
제가 관복을 지었으니,
입고 가시지요~

하루 만에
관복을 지어 내다니,
정말 놀라운 재주구나!

또 박씨 부인은, 가장 볼품없는 새끼 말을 삼백 냥에 사서 삼만 냥에 팔기도 하고,

남편 이시백이 과거 시험을 보러 갈 때 연적을 주어 신통한 힘으로 장원급제를 하게 만들었어요.

그렇게 3년이 지난 어느날 밤, 박씨 부인의 아버지가

딸아 너의 액운이 다 끝났단다!

이제 허물을 벗고 아름다운 모습으로 살거라~

사라락ㄴㄴ

사방ㄴㄴ

와~~ 짝짝짝! 힘든 시련을 참고 이겨 낸 박씨 부인, 정말 멋져요!

너도 어서 허물을 벗어라!

잇!!

조선 인조 임금 때 어느 봄날 금강산에서 박 처사가 재상 이득춘을 찾아와 이득춘의 아들 이시백을 사위로 삼고 싶다고 말합니다. 이득춘은 박 처사가 보통 사람이 아니란 것을 알고, 그 딸도 평범한 인물은 아닐 거라 생각합니다. 이에 박 처사의 딸과 혼인을 시킵니다.

그런데 시백은 첫날밤에 박 씨의 너무 못생긴 얼굴을 보고 깜짝 놀랍니다. 이후로 시백은 박씨 부인을 찾지 않습니다. 박 씨는 뒷마당에 피화당이라는 작은 집을 짓고 홀로 지내게 됩니다.

하지만 박 씨는 깜짝 놀랄 만한 재주로 주변 사람들을 놀라게 합니다. 하룻밤 사이에 옷을 짓는다든지, 남들은 거들떠보지 않는 새끼 말을 삼백 냥에 사서 삼만 냥에 팔기도 하고, 이시백이 과거를 보러 갈 때 신기한 연적을 주어 그로 하여금 장원급제를 하게 만듭니다.

박 씨가 시집온 지 3년이 되던 어느 날, 박 씨의 아버지 박 처사가 찾아옵니다. 박 처사는 딸 박 씨에게 허물을 벗을 때가 되었다며 딸의 허물을 벗겨 줍니다. 이에 박 씨는 순식간에 아름다운 절세미인으로 변합니다. 남편 시백은 과거에 박 씨를 박대했던 것에 대해 용서를 빌었습니다. 그들은 금슬 좋은 부부가 되었고, 벼슬도 병조판서에 이르게 됩니다.

한편 오랑캐가 십만 대군을 앞세우고 조선을 쳐들어옵니다. 박 씨는 이 사실을 미리 알고 남편 시백을 통하여 오랑캐 침입에 대비하도록 왕께 아뢰었지만, 간신 김자점의 반대로 받아들여지지 않았습니다. 오랑캐가 쳐들어오자 왕은 남한산성으로 피하지만 결국 항복하게 됩니다. 이때 많은 사람들이 죽었지만 오직 박 씨의 피화당에 모인 부녀자들은, 박 씨의 신기한 도술로 보호를 받아 무사했습니다. 뿐만 아니라 피화당까지 쳐들어온 적장을 박 씨가 물리칩니다. 박 씨에게 혼쭐이 난 적은 드디어 퇴각하게 됩니다. 왕은 뒤늦게나마 박 씨의 말을 듣지 않은 것을 후회하고, 박 씨를 충렬정렬부인이라는 칭호와 함께 큰 상을 내립니다. 이후 박 씨는 남편 시백을 훌륭한 재상으로 만들고, 팔십여 세까지 부귀영화를 누리며 잘 살았습니다.

자세히 알아보기

등장인물

박씨 부인	금강산에 사는 신선으로 알려진 박 처사의 딸입니다. 너무 못생긴 얼굴을 하고 있어 결혼 후에도 남편 이시백의 외면을 받습니다. 하지만 놀라운 능력으로 남편도 출세시키고, 외적의 침입으로 위기에 처한 나라도 구하게 됩니다.
이시백	박씨 부인의 남편입니다. 박 씨에게 많은 도움을 받아 벼슬길에도 오르고 재상까지 됩니다. 박 씨가 절세미인으로 변한 후 박 씨에게 용서를 구하고 금슬 좋은 부부로 삽니다.
이득춘	이시백의 아버지이며 박씨 부인의 시아버지입니다. 박씨 부인이 흉측하게 생겼다며 모두 피하지만 이득춘은 박 씨의 바른 심성과 재주를 알고 감싸 줍니다.
박 처사	박 씨의 아버지로 딸이 추한 외모에서 아름다운 절세미인으로 거듭나게 해 줍니다.

배경

시간	조선 인조 임금 시대	**장소**	한양

작품 특징

◈ 지은이와 지은 연대는 확실하지 않습니다.
◈ 조선 시대 병자호란을 배경으로 하고 있고 박씨 부인이 전쟁에서 큰 활약을 펼쳐 나라를 구하는 이야기입니다.
◈ 현실의 인물(왕, 임경업 장군, 적장 용골대 등)이 등장하여 이야기가 사실적으로 느껴집니다.

오늘의 퀴즈

◈ 박씨 부인은 남편 이시백이 과거 시험을 보러 갈 때 신기한 이것을 줍니다. 벼루에 먹을 갈 때 쓰는 물을 담아 두는 그릇을 일컫는 말인 이것은 무엇일까요? _____

◈ 박씨 부인은 얼굴이 못생겼다는 이유로 남편의 박대를 당합니다. 이에 박 씨는 뒷마당에 작은 집을 짓고 사는데, '화를 피하는 집'이라는 뜻을 지닌 이 집의 이름은 무엇인가요? _____

오늘의 낱말 익히기

1 오늘의 낱말

박대薄待
뜻 인정 없이 모질고 아무렇게나 대함.
비 냉대, 구박, 천대, 푸대접
반 후대, 관대, 환대

절세미인絶世美人
뜻 세상에 견줄 만한 사람이 없을 정도로 아름다운 여인.
비 미인, 경국지색傾國之色
반 추녀醜女

2 한자로 써 보고 익히기

薄	待		薄	待		薄	待	
엷을 **박**	대우할 **대**		엷을 **박**	대우할 **대**		엷을 **박**	대우할 **대**	

絶	世	美	人		絶	世	美	人
끊을 **절**	세상 **세**	아름다울 **미**	사람 **인**		끊을 **절**	세상 **세**	아름다울 **미**	사람 **인**

'세상에 견줄 만한 사람이 없을 정도로 아름다운 여인'이라는 뜻의 사자성어인 '절세미인'을 한자로
적어 보세요.

3 낱말 넣어 문장 만들기

박대 : 이시백은 박 씨가 못생겼다는 이유로 3년 동안이나 박대했다.

내가 만든 문장

절세미인 : 박 씨의 아버지가 찾아와 허물을 벗겨 주자 박 씨는 절세미인으로 변하였다.

내가 만든 문장

112

상상하고 써 보기

1 내가 박 씨라면

박 씨는 이시백과 혼인을 하지만 이시백은 박 씨가 못생겼다는 이유로 3년 동안이나 박대합니다. 하지만 3년이 지나서 박 씨가 아버지의 도움으로 절세미인으로 변하자 그간의 잘못에 대해 용서를 구합니다. 내가 만약 박 씨라면 얼굴이 못생겼다는 이유로 박대하는 이시백에게 뭐라 말해 줬을지 생각해 보고 적어 보세요.

_____

_____

_____

_____

2 내 생각 적어 보기

세상 많은 사람들이 차별을 당하며 살고 있습니다. 특히 외모 때문에 차별을 받으면서 사는 사람도 많습니다. 박씨 부인도 못생긴 외모 때문에 남편과 주변 사람들에게 차별과 박대를 받으면서 살아야 했습니다. 세상의 많은 차별들 중 어떤 차별이 가장 나쁜 차별이라 생각하는지 생각해 보고 그 이유까지 적어 보세요.

_____

_____

_____

_____

17

규중칠우쟁론기

잘난 척하다 혼만 나는 규중칠우

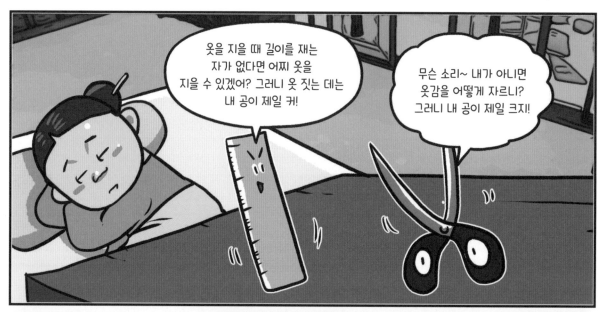

아이고~ 내가 주인의 손을 감싸 주기 때문에 손을 다치지 않아서 옷을 만들 수 있는 걸?!

옷을 만들기만 하면 뭐하나요?

제가 실 꿰멘 자리를 왔다갔다 하니 실이 펴지고 옷이 예쁘게 지어지는 거죠! 그러니 제가 제일이에요!

치이이이~

아니에요. 내가 제일이에요! 내가 없으면 볼품없는 옷이 되고 마는 걸요!

푸하하~

거참! 못 들어 주겠구나!

옷을 짓는 것은 결국 사람이 하기에 달린 것이거늘! 어찌 너희 공이라 우기는 거니?!

다 쫓겨나 볼래?

아! 죄, 죄송합니다~

흣~ 내가 제일이라구~

끼잉~

'규중칠우'란 옛날 부인들이 바느질을 할 때 쓰던 일곱의 벗을 말합니다. 그 일곱 벗은 바로 바늘, 자, 가위, 인두, 다리미, 실, 골무입니다. 이들은 각각 별명처럼 불리는 이름이 있었는데, 바늘은 세요각시, 자는 척부인, 가위는 교두각시, 인두는 인화부인, 다리미는 울낭자, 실은 청홍흑백각시, 골무는 감투할미라 불렸습니다.

어느 날 부인이 바느질을 하다가 잠이 들었습니다. 그 사이에 일곱 벗이 모여 바느질을 하는데 자기의 공이 얼마나 큰지 서로 자랑하기 시작했습니다. 잘난 척을 시작한 것은 척부인(자)이었습니다.

"너희들, 내 말 좀 들어 봐. 온갖 옷감을 펼쳐 놓고 옷을 지을 때 길고 짧음, 넓고 좁음을 내가 아니면 어찌 재겠어? 그러니 옷 짓는 데는 내 공이 제일 커."

이 말을 들은 교두각시(가위)가 나서서 자기 공이 더 크다고 자랑을 합니다. 이를 본 세요각시(바늘)는 둘을 싸잡아 비난하면서 자기 자랑을 늘어놓습니다.

"너희들 말은 다 틀렸어. 옷감을 재고 잘라 놓았다 해도 내가 빨리빨리 움직이지 않으면 어찌 옷이 되겠어? 그런데 너희 둘이 무슨 공이 크다고 자랑이야."

세요각시에 이어 청홍흑백각시(실), 감투할미(골무), 인화낭자(인두), 울낭자(다리미) 순으로 자기가 없으면 옷을 지을 수 없고, 자기의 공이 최고라고 우겨댑니다.

"너희들의 공으로 옷을 짓기는 하나, 그 공이란 사람이 하기에 달린 것인데 어찌 너희 공이라 우기는 거야?"

일곱 벗이 떠드는 소리에 놀라 깬 부인은 이렇게 말하고 다시 잠이 듭니다. 이에 일곱 벗은 부인이 자기들을 얼마나 부당하게 대우하는지 불평을 쏟아 놓습니다.

마침내 이 소리에 잠이 깬 부인은 화를 내면서 일곱 벗을 모두 쫓아내려고 합니다. 하지만 감투할미(골무)가 용서를 빌어 무사하게 됩니다. 그 공로로 부인은 감투할미를 비단 주머니 속에 넣어 항상 몸에 지니겠다고 약속합니다.

자세히 알아보기

등장인물

일곱 벗 (규중칠우)	옛날 부인들이 바느질을 할 때 쓰던 일곱 가지로 바늘, 자, 가위, 인두, 다리미, 실, 골무입니다. 이들은 각각 별명처럼 불리는 이름이 있었는데, 바늘은 세요각시, 자는 척부인, 가위는 교두각시, 인두는 인화부인, 다리미는 울낭자, 실은 청홍흑백각시, 골무는 감투할미라 불렸습니다. 부인이 잠든 사이, 바느질을 할 때 자신의 공이 최고라며 자랑하지만 나중에 잠에서 깬 부인에게 꾸중을 듣고 물러갑니다.
부인	일곱 벗의 주인으로 어느 날 바느질을 하다가 낮잠이 듭니다. 잠든 사이 일곱 벗은 서로 자신이 최고라며 자랑하는데 이 소란에 잠이 깹니다. 잠이 깬 부인은 일곱 벗을 내쫓으려고 하지만 감투할미(골무)가 용서를 청하자 일곱 벗을 용서해 줍니다.

배경

시간   조선 시대 후기   **장소**   어느 부인의 방

작품 특징

◈ 지은이와 지은 연대는 확실하지 않으나 지은이는 여자일 것으로 추정됩니다.
◈ 바느질을 할 때 쓰는 일곱 가지 도구를 의인화하여 인간사회를 풍자했습니다.
◈ 내용이 짧지만 구성이 탄탄하고 주변의 자질구레한 물건들을 문학적 소재로 삼은 작품입니다.

오늘의 퀴즈

◈ '규중칠우'는 여인이 바느질을 할 때 사용하는 일곱 가지 도구를 말합니다. 즉, (   ), 자, 가위, 인두, 다리미, 실, 골무입니다. _____

◈ "너희들, 내 말 좀 들어 봐. 온갖 옷감을 펼쳐 놓고 옷을 지을 때 길고 짧음, 넓고 좁음을 내가 아니면 어찌 재겠어? 그러니 옷 짓는 데는 내 공이 제일 커."
규중칠우 중 이런 자랑을 늘어놓은 것은 누구인가요? _____

오늘의 낱말 익히기

1 오늘의 낱말

쟁론爭論	규중칠우閨中七友
뜻 서로 다투어 토론함. 비 논쟁, 논란	뜻 여인이 바느질할 때 사용한 일곱 가지 도구. 바늘, 실, 인두, 골무, 가위, 자, 다리미를 이른다.

2 한자로 써 보고 익히기

爭	論		爭	論		爭	論	
다툴 **쟁**	말할 **론**		다툴 **쟁**	말할 **론**		다툴 **쟁**	말할 **론**	

閨	中	七	友		閨	中	七	友	
부녀자 **규**	가운데 **중**	일곱 **칠**	벗 **우**		부녀자 **규**	가운데 **중**	일곱 **칠**	벗 **우**	

'여인이 바느질을 할 때 사용하는 일곱 가지 도구'라는 뜻의 사자성어인 '규중칠우'를 한자로 적어 보세요.

3 낱말 넣어 문장 만들기

쟁론 : 규중칠우쟁론기는 일곱 바늘 도구가 서로 쟁론하는 이야기이다.

내가 만든 문장

규중칠우 : 규중칠우 중 가장 중요한 것은 무엇일까?

내가 만든 문장

상상하고 써 보기

1 내가 교두각시(가위)라면

교두각시(가위)는 척부인(자)이 자랑하는 말을 듣고 다음과 같이 말합니다.

"척부인아, 네가 아무리 잘 잰다 해도 잰 것을 제대로 잘라 내지 않으면 어떻게 옷을 지을 수 있겠어? 그러니 옷 짓는 데는 내 공이 제일이야. 네 공만 크다고 자랑하지 마라."

내가 교두각시라면 척부인에게 어떻게 말해 줬을지 생각해 보고 적어 보세요.

_____

_____

_____

_____

2 내 생각 적어 보기

「규중칠우쟁론기」는 일곱 가지 바느질 도구 즉, 바늘, 자, 가위, 인두, 다리미, 실, 골무가 서로 자신이 최고라며 자랑하는 내용입니다. 내가 생각할 때 일곱 동무 중 바느질할 때 가장 중요하다고 생각하는 것은 무엇인가요? 그리고 그 이유는 무엇인지 적어 보세요.

_____

_____

_____

_____

18

두껍전

두꺼비의 입담에 놀아난 여우

내가 제일 윗자리에 앉을 거야!

아니야! 내가 앉을 거야!

우리, 싸우지 말고 나이가 가장 많은 동물이 상석에 앉기로 합시다!

좋소!

에헴~ 나는 옛 중국의 순임금을 도와 황하 강을 다스렸었다오!

오~ 황하 강을?

훗~ 나는 하나님이 하늘에 별을 박을 때 내 별자리를 직접 정했지요~

와아~ 별자리를?

훌쩍...

두꺼비님, 왜 우시나요?

내가 어렸을 적 나무를 세 그루 심었는데

한 그루는 맏아들이 별 박는 방망이로 쓰기 위해 베어 냈고,

한 그루는 둘째 아들이 황하 강을 다스리기 위해 베어 낸 일이 생각나서 그만… 훌쩍~

오오….

이것으로 두꺼비님의 나이가 가장 많은 것으로 판명되었네요!

흥! 나는 세상에 안 가본 곳이 없고 심지어 하늘 나라도 가서 구경을 했답니다!

아! 여우님이 하늘 나라에 왔을 때 내가 바둑을 두느라 미처 못 만났군요!

여우님이 오신 줄 알았다면, 내가 술 마시고 싼 똥이라도 선물로 드렸을 텐데요.

푸하하~~ 술 마시고 싼 똥이래~ 하하!

여우는 두꺼비의 입담에 얼굴이 빨개졌답니다~

랄라야~ 선물 줄게! 이거 내가 싼 거야~

뭐? 오빠가 쌌다고? 싫어, 싫어~

내가 포장지로 쌌다고 한 건데, 왜….

121

'장선생'이라 불리는 노루가 잔치를 벌이기로 하고 다른 짐승들을 초대했습니다. 동물의 왕 호랑이는 다른 동물들이 겁을 먹고 잘 놀지 못할 것을 염려하여 초대하지 않았습니다. 동물들이 서로 좋은 상석에 앉으려고 다투는 것을 보고 토끼가 한 가지 제안을 합니다. 바로 가장 나이가 많은 동물이 상석에 앉자는 것이었습니다. 다른 동물들은 토끼의 제안을 받아들였고, 서로 나이 자랑을 늘어놓기 시작합니다.

노루는 자신이 옛날 중국의 순임금을 도와 황하 강물을 다스렸다고 말하자, 여우가 자기는 하나님이 하늘에 별을 박을 때 자신이 별자리를 정했다고 우겨댑니다. 이에 여우와 노루가 다투는 모습을 본 두꺼비가 갑자기 슬피 울기 시작합니다. 이유를 물으니 자신이 어렸을 적 나무를 세 그루 심었는데, 한 그루는 맏아들이 별 박는 방망이로 쓰기 위해 베어 냈고, 한 그루는 둘째 아들이 황하 강물을 다스리기 위해 베어 냈다고 말합니다. 이것으로 두꺼비가 나이가 가장 많은 것으로 판명되어 가장 상석에 앉게 됩니다.

노루는 두꺼비에게 조용히 승복했지만 여우는 좀처럼 승복하지 못합니다. 여우는 자신이 세상에 안 가본 곳이 없고 심지어는 하늘나라도 구경했다고 말합니다. 이에 질세라 두꺼비는 자신은 하늘에서 여우가 하늘나라에 왔을 때 바둑을 두고 있었고, 여우가 온 줄 알았으면 자신이 술 먹고 싼 똥이라도 먹여 보낼 걸 그랬다고 너스레를 떱니다. 두꺼비의 말에 다른 짐승들이 포복절도합니다.

말로는 여우가 도저히 두꺼비를 당해 내지 못하고, 다른 동물들에게 망신만 당하자 이번에는 두꺼비를 공격하는 말을 합니다. 두꺼비가 개구리의 사촌이라느니, 두꺼비의 이상한 생김새에 대해 비아냥거립니다. 나중에는 두꺼비에게 턱 밑은 왜 계속 벌떡벌떡 하느냐고 묻습니다. 이에 두꺼비는 네 놈이 어른을 몰라보고 말을 함부로 하니 분을 참느라 그런 거라며 일침을 가합니다. 이 말에 여우는 크게 부끄러워하며 도망쳤고, 다른 동물들은 즐거운 기분에 취해 뿔뿔이 흩어져 집으로 향해 갔습니다.

자세히 알아보기

등장인물

두꺼비
잔치에 초대된 동물들 중 나이가 가장 많은 동물로 꼽혀 잔치 상석에 앉게 됩니다. 여우의 끊임없는 비아냥과 공격적인 말에 뛰어난 학식과 지혜로 물리칩니다.

여우
자신이 나이가 가장 많은 동물이 되어 잔치 상석에 앉고자 하나, 두꺼비에게 자리를 뺏기게 됩니다. 이에 두꺼비를 계속 공격하고 외모도 놀리지만 결국 다른 동물들의 웃음거리가 된 채 잔치에서 도망치게 됩니다.

장선생
산속의 동물들로부터 존경받는 동물인 노루로 숲속 동물들을 위해 잔치를 벌입니다.

토끼
똑똑하고 지혜롭습니다. 잔치 상석에 앉을 사람을 나이 순서대로 정하자고 제안합니다.

배경

시간   조선 시대 후기   **장소**   노루네 잔칫집

작품 특징

◈ 지은이와 지은 연대는 확실하지 않으나 조선 후기에 널리 읽혔습니다.
◈ 두꺼비를 비롯하여 동물들을 의인화한 우화 소설입니다.
◈ 두꺼비와 여우가 서로 논쟁하는 이야기를 통해 토론하는 힘을 키울 수 있는 작품입니다.

오늘의 퀴즈

이 동물은 잔치에 초대된 동물들 중 가장 나이가 많아서 잔치 상석에 앉게 됩니다. 누구인가요?

오늘의 낱말 익히기

1 오늘의 낱말

상석上席
뜻 일터나 모임 따위에서의 윗자리.
비 상좌, 윗자리
반 말석末席, 아랫자리

포복절도抱腹絶倒
뜻 배를 부둥켜안고 넘어질 정도로 몹시 웃음.
비 **박장대소**拍掌大笑

2 한자로 써 보고 익히기

上	席		上	席		上	席	
위 **상**	자리 **석**		위 **상**	자리 **석**		위 **상**	자리 **석**	

抱	腹	絶	倒		抱	腹	絶	倒	
안을 **포**	배 **복**	끊을 **절**	넘어질 **도**		안을 **포**	배 **복**	끊을 **절**	넘어질 **도**	

'배를 부둥켜안고 넘어질 정도로 웃음'이라는 뜻의 사자성어인 '포복절도'를 한자로 적어 보세요.

3 낱말 넣어 문장 만들기

상석 : 초대된 동물들은 서로 잔치 상석에 앉기 위해 다퉜다.

내가 만든 문장 ⟩

포복절도 : 동물들은 재치 있는 두꺼비의 답변에 포복절도했다.

내가 만든 문장 ⟩

124

상상하고 써 보기

1 내가 두꺼비라면

여우는 두꺼비의 입담을 도저히 이길 수 없다는 것을 알고 두꺼비의 외모를 비하하기 시작합니다. 피부는 왜 그렇게 우둘투둘한지, 눈은 왜 그렇게 누런지, 등은 왜 그렇게 구부정하고 목은 왜 그렇게 움츠러든 것인지 등을 가지고 공격합니다. 이렇게 외모를 비하하는 여우에게 내가 두꺼비라면 뭐라고 말했을지 생각해 보고 적어 보세요.

_____

_____

_____

_____

2 내 생각 적어 보기

「두껍전」은 두꺼비와 여우가 서로 지식과 입담으로 누가 나이가 더 많은지를 겨루는 것으로 이야기가 진행됩니다. 두꺼비의 입담이 좋아서 여우는 도저히 두꺼비의 상대가 되지 못합니다. 두꺼비처럼 대화를 할 때 상대방을 이기기 위해서는 어떻게 말을 해야 하는지 생각해 보고, 떠오르는 세 가지를 적어 보세요.

1: _____

2: _____

3: _____

_____

허생전

만 냥으로 백만 냥을 번 허생

#. 한양 제일 부자 변 씨네 집

여보, 쌀이 다 떨어졌어요. 이러다 굶어 죽겠어요!

후우~! 10년 동안 책읽기에만 전념하려고 했는데… 안 되겠구나!

성큼 성큼

안녕하시오! 당신이 한양에서 제일가는 부자라고 들었소! 내게 만 냥을 꾸어 주면 이 다음에 꼭 갚겠소!

오~ 저 당당함은 뭐지?

여기, 만 냥이오!

어? 변 씨가 이름도 묻지 않고 만 냥을 빌려주었네?

응! 허생을 범상치 않은 인물이라 생각했기 때문이야~

허생은 만 냥을 들고 안성으로 내려가서 과일을 모조리 사들여서 열 배의 이익을 남겼어!

열 배? 어떻게?

허생이 과일을 모두 사들였기 때문에, 과일이 필요한 사람은 허생에게 가서 과일을 사야 했거든! 그때 허생은 과일을 아주 비싸게 팔았어. 그래서 이익이 많이 남은 거야~

같은 방법으로, 허생은 제주도로 가서, 말총을 모조리 사들였어!

말총이 뭐야?

말의 갈기나 꼬리의 털을 말총이라고 해~! 그걸로 양반들이 쓰는 갓을 만들었지. 허생은 또 열 배의 이익을 남겼어!

그러니까 만 냥이 백만 냥이 된 거네?

맞아~ 허생이 이렇게 장사한 방법을 '매점매석'이라고 해~ 이 내용으로 우리는 당시 경제구조의 취약점을 알 수 있지!

어쨌든 허생은 돈을 많이 벌어서 변 씨에게 갚으러 갔…

잠깐!

근데 오빠 나한테 빌린 만 원은 언제 갚을 거야?

그게….

쌔앵~

게 섰거라~~

한양 묵적골에 허생이라는 선비가 살고 있었습니다. 허생은 책읽기를 매우 좋아하여 10년 동안 책 읽기를 하기로 마음먹고 있었습니다. 7년째 되는 어느 날 허생의 아내가 너무 굶주리다 못해 도적 질이라도 해 오라고 허생을 몰아세웁니다. 허생은 아내의 울부짖는 소리에 책읽기를 멈추고 집을 나섭니다.

허생은 한양에서 제일 부자라는 변 씨를 찾아가 밑도 끝도 없이 만 냥을 꾸어 달라고 합니다. 변 씨는 허생이 범상치 않은 인물임을 알고, 묻지도 따지지도 않고 만 냥을 선뜻 내줍니다. 허생은 안 성으로 가서 전국의 과일을 다 사 모아서 폭리를 취해 만 냥으로 십만 냥을 법니다. 다음에는 제주 도로 건너가서 말총을 싹쓸이해서 비싼 값에 팔아 백만 냥을 벌게 됩니다.

허생은 번 돈으로 무인도를 하나 삽니다. 변산에 있는 도둑들을 설득하여 소 한 마리와 여자 한 명 씩과 함께 무인도에 들어가 농사를 짓습니다. 무인도에서 3년 동안 농사를 지어 거두어들인 농산 물을 일본 나가사키에 가져가 팔아 엄청난 이윤을 남깁니다. 허생은 번 돈을 도둑들에게 나눠 주 고 남은 돈 오십만 냥은 쓸 곳이 없다면서 바다에 버려 버립니다.

다시 집으로 돌아온 허생은 변 씨로부터 빌린 돈 만 냥을 갚는다며 변 씨에게 십만 냥을 줍니다. 변 씨는 이자만 받겠다며 사양하지만 허생은 자신은 장사꾼이 아닐 뿐만 아니라 돈은 재앙이라며 기어코 십만 냥을 줍니다. 대신 허생은 자신의 집에 먹을 것이 떨어지면 채워 달라고 합니다. 그 후 로 변 씨와 허생은 친한 친구가 됩니다.

변 씨는 허생의 사람됨과 능력을 알아보고 어영대장인 이완에게 허생을 나라의 인재로 추천합니 다. 이에 이완이 허생을 찾아옵니다. 허생은 이완에게 세 가지 요구를 하지만 모두 들어주기 어렵 다고 거절합니다. 이에 허생은 임금의 신임을 받는 신하가 고작 이 정도냐며, 칼을 찾아 이완을 죽 이려고 합니다. 깜짝 놀란 이완은 뒷문으로 부리나케 도망치고 맙니다. 이튿날 이완이 다시 허생의 집을 찾았지만 그는 이미 자취를 감추었고, 그의 집은 텅 비어 있었습니다.

등장인물

허생
허생은 이름이 아니라 허 생원의 줄임말입니다. 생원은 과거 시험 생원시에 합격한 사람을 일컫는 말입니다. 허생은 책읽기는 좋아하지만 가정 살림에는 관심이 없습니다. 아내의 구박에 결국 집을 나가 엄청난 돈을 벌어 돌아옵니다. 어영대장 이완을 통해 벼슬을 할 수 있는 기회도 마다하고 홀연히 사라집니다.

변 씨
한양에서 제일가는 부자입니다. 허생이 만 냥을 빌려 달라는 말에 묻지도 않고 돈을 내줍니다. 나중에 허생에게 십만 냥을 받게 됩니다. 허생과 친한 친구로 살게 되면서 허생을 이완에게 추천하기도 합니다.

이완
어영대장으로 임금의 신뢰를 받는 신하입니다. 허생의 사람됨과 능력을 알고 등용시키고자 하나 허생에게 꾸중만 듣고 실패합니다.

허생 아내
가난과 배고픔에 지쳐 허생에게 도둑질이라도 해 오라며 집에서 내쫓습니다.

배경

시간 조선 시대 후기   **장소** 한양

작품 특징

◆ 조선 후기 실학자이자 소설가로 유명한 박지원이 지은 작품입니다.
◆ 허생이라는 인물의 행적을 중심으로 사건을 전개합니다.
◆ 당시 지배층이었던 사대부들의 무능과 겉치레를 비판하고 풍자한 작품입니다.

오늘의 퀴즈

허생은 안성에서 이것을 몽땅 사서 값이 오른 후에 팔아 엄청난 돈을 벌게 됩니다. 이것은 무엇일까요?

_____

오늘의 낱말 익히기

1 오늘의 낱말

거부巨富
뜻 대단히 큰 부자.
비 갑부, 백만장자, 부자
반 빈털터리

매점매석買占賣惜
뜻 물건 값이 오를 것을 예상하여 한꺼번에 사서 쌓아 둠.
비 사재기

2 한자로 써 보고 익히기

巨	富		巨	富		巨	富	
클 거	부자 **부**		클 거	부자 **부**		클 거	부자 **부**	

買	占	賣	惜		買	占	賣	惜
살 매	차지할 **점**	팔 매	아낄 **석**		살 매	차지할 **점**	팔 매	아낄 **석**

'물건 값이 오를 것을 예상하여 한꺼번에 사서 쌓아 둠'이라는 뜻의 사자성어인 '매점매석'을 한자로 적어 보세요.

_____

3 낱말 넣어 문장 만들기

거부 : 허생은 장사를 해서 거부가 되었다.

내가 만든 문장 〉

매점매석 : 허생은 안성으로 가서 과일을 매점매석해 큰돈을 벌었다.

내가 만든 문장 〉

상상하고 써 보기

1 내가 허생이라면

허생은 도둑질이라도 해 오라는 아내의 구박에 집을 나섭니다. 변 씨한테 만 냥을 빌려 안성에서 과일을 매점매석하여 큰돈을 벌게 됩니다. 이 돈으로 다시 제주도로 가서 말총을 매점매석하여 백만 냥을 벌게 됩니다. 내가 허생이라면 어떤 방법으로 돈을 벌지 생각해 보고 적어 보세요.

_____

_____

_____

_____

2 내 생각 적어 보기

「허생전」은 결말 부분이 끝나는 느낌이 들지 않고, 뒷이야기가 더 있을 것 같습니다. 만약 내가 허생의 이야기에 덧붙여 뒷이야기를 만든다면 어떻게 지을지 생각해 보고 적어 보세요.

_____

_____

_____

_____

_____

_____

20

호질

호랑이의 질책을 받은 양반

네 이놈!
똥냄새가 진동을 하니
불결하기 짝이 없구나!

죄, 죄송합니다!
너그럽고 성품이 훌륭하신
호랑이님께서
용서해 주십시오!

너희 인간들은 평소에 호랑이의
성품을 나쁘다고 말하면서 이럴 땐
또 말을 바꾸는구나! 내가 볼 땐
인간이 호랑이보다 못하다!

예~ 예~
맞습니다~

호랑이는
법이나 처벌이 없어도 잘 살지만
인간들은 법을 만들고 온갖 벌을
내려도 악행이 끊이지 않고!

또 우리 호랑이들은
같은 종끼리는 해치지 않는데
인간들은 인간들끼리 해치기도
하니 어찌 호랑이보다 낫다고
할 수 있겠느냐?!

예~ 예~
호랑이님 말씀이
다 맞습니다~

흥!
이런 인간은
잡아먹어 봤자
맛도 없겠지!

선생님~
혼자 엎드려서
뭐 하십니까?

흠흠!
하늘을 공경하고
땅을 조심하느라
잠시 엎드려 있었소.

아….

그럼
난 바빠서
이만~

후다닥~

어유~
똥 냄새!
어우~

호랑이가 저녁거리로 뭐가 좋겠냐고 물으니 부하들이 사람을 잡아먹으면 좋겠다고 말합니다. 의원, 무당, 선비 등을 추천하지만 다 맛이 없어 못 먹을 족속이라고 질색합니다. 특히 선비는 평소에는 대가리를 꼿꼿하게 세우다가도 자기 목숨이 위험해지면 넙죽 조아리는 것이 인간 중에서도 가장 맛없고 못 먹을 족속이라고 말합니다. 아무튼 사람 중에서 유학자가 가장 먹을 만하다는 부하 창귀의 추천을 받고 호랑이는 마을로 내려갑니다.

그 마을에는 나이 사십도 안 되는데 만 오천 권의 책을 번역하고 집필한 유학자 북곽 선생이 있었습니다. 그는 모두의 존경을 한 몸에 받고 있었습니다. 또한 그 마을에는 정절을 잘 지켜 나라에서 '열녀문'까지 세워 준 동리자라는 아름다운 과부가 살고 있었습니다. 동리자에게는 아들이 다섯 명이 있었는데 모두 아버지가 달랐습니다.

어느 날 북곽 선생과 동리자가 밤에 몰래 만나 밀회를 나누는 것을 동리자의 다섯 아들이 목격했습니다. 이를 두고 동리자의 아들들은 북곽 선생 같은 분이 이런 짓을 할 리가 없고, 분명 여우가 사람으로 둔갑한 것이라는 결론을 내렸습니다. 여우를 잡아 가죽은 벗겨 팔고 고기는 나눠 먹자며 북곽 선생을 잡으러 다가오자, 북곽 선생은 허겁지겁 도망갑니다.

허겁지겁 밭고랑을 달리던 북곽 선생은 그만 똥구덩이에 빠지고 맙니다. 간신히 기어올라 머리를 들고 보니 호랑이가 입을 크게 벌리고 잡아먹으려고 합니다. 북곽 선생은 제발 살려 달라며 호랑이에게 온갖 아첨을 늘어 놓습니다. 이 모습을 본 호랑이는 인간이 호랑이보다 못하다고 질책합니다. 호랑이는 법이나 처벌이 없어도 잘 살지만, 인간들은 법을 만들고 온갖 벌을 내려도 악행이 끊이지 않을 뿐만 아니라, 호랑이는 자기들끼리는 해치지 않는데 인간들은 자기들끼리 해친다고 말합니다. 이런 인간은 잡아먹어도 맛도 없다고 말한 후 사라집니다.

북곽 선생은 호랑이가 사라진 줄도 모르고 날이 샐 때까지 엎드려 있었습니다. 지나가던 농부들이 그 이유를 물으니 그때서야 말도 안 되는 이유를 둘러대고 줄행랑을 쳤습니다.

자세히 알아보기

등장인물

호랑이	저녁거리로 무엇을 먹을지 고민하다 부하들이 사람을 잡아먹는 것이 어떻겠냐는 제안에 사람 중에서 유학자를 잡아먹기로 하고 마을로 내려갑니다. 마침 유학자 중 가장 존경받는 북곽 선생을 만납니다. 하지만 북곽 선생은 호랑이에게 온갖 아첨을 하며 살려 달라고 하자, 겉 다르고 속 다른 유학자 북곽 선생을 꾸짖고 잡아먹어도 맛없겠다며 유유히 사라집니다.
북곽 선생	유학자 중 가장 명망 있고 존경받는 사람입니다. 하지만 밤에 같은 동네 과부인 동리자를 찾아가 밀회를 나누는 등 명성과는 다르게 행동합니다. 동리자의 아들들에게 발각되어 도망가다 그만 호랑이에게 잡아먹힐 위기에 처합니다. 하지만 호랑이조차 북곽 선생의 이중성에 크게 실망하고 질책만 받습니다.
동리자	북곽 선생과 한 마을에 사는 아들 다섯을 둔 과부입니다. 열녀문까지 세워 줄 정도로 열녀로 소문났지만 사실과 다릅니다. 밤에 북곽 선생과 밀회를 나누다가 아들들에게 들키고 맙니다.

배경

시간   중국 명나라 때   **장소**   명나라 조정과 중국 대륙

작품 특징

◈ 제목 「호질」의 뜻은 '호랑이의 질책'이라는 뜻입니다.
◈ 조선 시대 유명한 연암 박지원이 지은 『열하일기』에 실린 단편 소설입니다.
◈ 호랑이를 통해 조선 사회의 지배층인 양반들을 질책하는 내용입니다.

오늘의 퀴즈

◈ 호랑이가 저녁거리로 잡아먹기로 결정한 것은 무엇이었나요?

오늘의 낱말 익히기

1 오늘의 낱말

과부寡婦
뜻 남편이 죽고 혼자 사는 여자.
비 미망인, 과수
반 홀아비

언중유골言中有骨
뜻 말 속에 뼈가 있다는 말로 예사로운 말 같으나
그 속뜻은 예사롭지 않음.
비 언중유언

2 한자로 써 보고 익히기

寡	婦		寡	婦		寡	婦		
적을 **과**	아내 **부**		적을 **과**	아내 **부**		적을 **과**	아내 **부**		

言	中	有	骨		言	中	有	骨	
말씀 **언**	가운데 **중**	있을 **유**	뼈 **골**		말씀 **언**	가운데 **중**	있을 **유**	뼈 **골**	

말 속에 뼈가 있다는 말로 '예사로운 말 같으나 그 속뜻은 예사롭지 않음'을 일컬을 때 쓰는 '언중유골'을 한자로 적어 보세요.

3 낱말 넣어 문장 만들기

과부 : 호질에 나오는 동리자는 다섯 아들을 둔 과부이다.

내가 만든 문장 >

언중유골 : 호랑이가 북곽 선생을 꾸짖는 말은 언중유골이었다.

내가 만든 문장 >

상상하고 써 보기

1 내가 호랑이라면

호랑이는 사람 중에 잡아먹고 싶던 유학자 북곽 선생을 만납니다. 그러나 이런 악하고 더러운 사람은 잡아먹어도 맛이 없을 거라며 북곽 선생을 놔두고 사라집니다. 내가 호랑이라면 북곽 선생을 뭐라 질책하고 어떻게 대했을지 생각해 보고 그 이유도 적어 보세요.

_____

_____

_____

_____

_____

2 내 생각 적어 보기

「호질」에서 호랑이는 다음과 같은 내용으로 북곽 선생을 꾸짖습니다.

'호랑이는 법이나 처벌이 없어도 잘 살지만 인간들은 법을 만들고 온갖 벌을 내려도 악행이 끊이지 않는다. 호랑이는 자기들끼리는 해치지 않는데 인간들은 자기들끼리 해친다. 인간이 호랑이보다 못된 존재이다.'

호랑이의 이 생각에 대해 내 생각을 적어 보세요.

_____

_____

_____

_____

21

박문수전

암행어사 출두야!

허걱!

며늘아가!
이게 어찌된
일이냐?!

꺄아~~~!!

아니다!
내가 죽인 게
아니야!!

이 일로 부자는
범인으로 몰려
옥살이를 해야 했어.

힝~

훗~ 걱정 마!
나처럼 멋진 '암행어사'
박문수가 있잖아!
암행어사가
뭐야??
암행어사 몰라?
조선 시대에 임금의 특명을 받아
몰래 지방 곳곳을 다니며
'탐관오리'를 소탕한 정의의 사도!
아~!
'탐관오리'는
뭐야?
백성의 재물을 탐내어 빼앗는,
행실이 깨끗하지 못한 관리를
탐관오리라고 하잖아~!
아~! 그런데
박문수가 어떻게 부자의
억울함을 해결해 준 거야?
박문수는 사건 당시
사용된 칼이 스님들이 사용하는
장도칼이란 걸 알아차렸거든!
그래서 다음 날
진짜 범인인 스님을 잡을 수
있었던 거야~!
와~
멋지다!
박문수!!!
이 오빠도
암행어사 박문수처럼
멋지지 않냐?
오빠는
탐관오리 쪽이 더
가까운 것 같은데?

암행어사는 조선 시대 왕의 명을 받고 몰래 지방으로 내려가 백성들을 살핍니다. 또한, 지방관들을 감찰하여 잘못을 저지르거나 비리가 발견되면 마패를 꺼내 보이며 죄인들을 벌합니다. 그들은 백성들에게 한줄기 빛과 같은 존재였습니다.

박문수는 조선 시대 영조 대왕 시절 두 번에 걸쳐 임금의 명을 받고 암행어사 역할을 수행하게 됩니다. 어려서부터 집념이 강하고 박학다식했던 박문수는 가는 곳마다 어려운 문제를 척척 해결합니다. 또한, 억울한 누명을 쓴 백성들을 구해 주기도 하고, 탐관오리들의 비리를 들춰 벌을 주기도 합니다. 백성들의 칭찬은 자자하게 되었고 박문수는 암행어사를 대표하는 사람이 되었습니다. 박문수가 암행어사로 워낙 명성을 떨치다 보니 수많은 이야기들이 「박문수전」으로 입에서 입으로 전해지고 있습니다. 다음은 충남 보령 지역에 전해 내려오는 암행어사 박문수의 활약상입니다.

전라도 한 지역에 나이 많은 부자가 있었습니다. 부자의 아내는 일찍 죽고 세 아들과 함께 살았습니다. 아들 중 막내가 혼인하여 며느리를 얻었습니다. 어느 날 저녁, 부자는 며느리 방에 불이 켜져 있는 것을 발견하고 들어갔는데 며느리가 칼에 찔려 죽어 있었습니다. 이 광경을 본 부자가 얼른 칼을 뽑아 들었는데 마침 이 광경을 며느리의 몸종이 목격하고 시아버지가 며느리를 살해했다고 진술합니다. 이 때문에 부자는 범인으로 몰려 옥살이를 했습니다. 마침 박문수가 암행어사로 이 지역을 지나면서 부자의 집에서 하루를 묵으면서 사건에 대한 자초지종을 듣게 됩니다. 박문수는 사건 당시 사용된 칼을 보고는 그 칼이 스님들이 쓰는 장도칼이라는 것을 알아차립니다. 다음 날 박문수는 인근의 무량사라는 절에 가서 진범인 스님을 잡고 부자의 억울함을 풀어 줍니다.

이와 같은 암행어사 박문수와 관련된 설화들은 전국적으로 존재합니다. 조선 시대 암행어사 박문수의 인기가 어느 정도였는지 알 수 있을 듯합니다. 실제 박문수는 65세에 병이 들어 영조 임금은 어의를 보내 치료하도록 했으며, 박문수의 죽음을 누구보다 슬퍼했다고 합니다.

자세히 알아보기

등장인물

박문수
1691년에 태어나 1756년에 죽었습니다. 영조 대왕 시절 과거 시험에 합격하고 임금의 명으로 암행어사를 두 차례 수행하게 됩니다. 지혜롭고 철두철미한 성격에 어려운 일들도 잘 해결하고 억울한 백성들의 문제를 살펴 주어, 백성들의 사랑을 한 몸에 받았습니다. 이로 인해 조선 시대 수많은 암행어사를 대표하는 사람이 되었습니다.

떡쇠
박문수의 몸종으로 박문수를 따라다니면서 박문수를 도와 문제 해결의 결정적인 역할을 합니다. 명탐정 셜록 홈즈에게 왓슨이 있었다면 암행어사 박문수에게는 떡쇠가 있었습니다.

영조
조선 후기 임금으로 세종대왕과 더불어 조선 시대를 대표하는 임금입니다. 박문수의 사람됨을 알아보고 어사로 파견하여 수많은 문제들을 해결합니다.

배경

시간　조선 시대 후기 영조 대왕 시절　　　**장소**　조선 팔도

작품 특징

◈「박문수전」은 실제 인물인 박문수를 모델로 지어진 이야기입니다.
◈「박문수전」은 덧붙여진 이야기가 많아 실제 박문수 이야기와는 다릅니다.
◈ 백성들의 억울함을 풀어 주는 이야기, 탐관오리들의 부정부패를 처단하는 이야기가 주를 이룹니다.

오늘의 퀴즈

◈ 조선 시대 왕의 명을 받고 몰래 지방으로 내려가 백성들을 살피고 지방관들을 감찰하던 사람을 무엇이라 불렀나요? ＿＿＿＿＿＿＿＿＿＿＿＿＿＿＿＿＿＿＿＿＿＿＿＿＿
◈ 조선 전기를 대표하는 임금이 세종대왕이라면 이 임금은 조선 후기를 대표하는 임금입니다. 박문수가 활동하던 시절의 임금은 누구일까요? ＿＿＿＿＿＿＿＿＿＿＿＿＿＿＿＿＿

오늘의 낱말 익히기

1 오늘의 낱말

출두出頭
뜻 암행어사가 중요한 사건을
처리하기 위해 어떤 곳에 직접 나감.
비 출또

암행어사暗行御史
뜻 조선 시대 임금의 특명을 받아 백성을 살피고
지방관을 감찰하던 벼슬.
비 어사또, 어사

2 한자로 써 보고 익히기

出	頭		出	頭		出	頭	
날 **출**	머리 **두**		날 **출**	머리 **두**		날 **출**	머리 **두**	

暗	行	御	史	暗	行	御	史	
어두울 **암**	갈 **행**	다스릴 **어**	사관 **사**	어두울 **암**	갈 **행**	다스릴 **어**	사관 **사**	

'조선 시대 임금의 특명을 받아 백성을 살피고 지방관을 감찰하던 벼슬'을 일컬어 '암행어사'라 합니다. '암행어사'를 한자로 적어 보세요.

3 낱말 넣어 문장 만들기

출두 : 암행어사가 출두할 땐 "암행어사, 출두야."라고 소리친다.

내가 만든 문장 〉

암행어사 : 암행어사 중 가장 유명한 사람은 박문수이다.

내가 만든 문장 〉

상상하고 써 보기

1 내가 박문수라면

며느리를 죽인 진범을 찾기 위해 박문수는 어떤 기지를 발휘해서 범인을 잡을 수 있었을까요?
내가 박문수라면 어떤 묘책을 써서 진범을 잡았을지 생각해 보고 적어 보세요.

_____

_____

_____

_____

_____

2 내 생각 적어 보기

"아! 박문수가 나를 섬긴 것이 33년이나 되었다. 나의 마음을 아는 사람은 박문수뿐이었고, 박
문수의 마음을 아는 사람은 나였다. 그는 언제나 나라를 위하는 충심이 깊었음을 나는 알고
있다. 이제 그가 떠났으니 이 슬픔을 무엇에 비할 수 있으랴!"
박문수가 죽었을 때 영조 대왕이 이렇게 탄식하며 슬퍼했다고 합니다. 내가 영조 대왕이라면
박문수의 죽음에 대해 어떻게 생각하며 슬퍼했을지 적어 보세요.

_____

_____

_____

_____

22

장화홍련전

억울한 누명을 쓰고 죽은 장화와 홍련

언니…
나도 언니를
따라갈래.
흑흑.

풍덩!

홍련은 세상을 떠난 언니
장화를 그리워하다가
언니가 죽은 연못에 빠져
죽고 말았어요.

그 후 마을의 부사들이
자꾸 죽는 일이 생겼어요.

새로 온 부사가
또 죽었다지?

도대체
무슨 일이래?!

수군
수군

아무도 이 고을의 부사로
오지 않으려고 하는 그때,
정동우라는 사람이 자원하여
부사로 부임하게 되었어요.

휘이이잉

거기
누구냐?

사또….

너는 분명 귀신이렷다!

홍련이는 자신과 언니가 원통하게 죽은 이야기를 전해 주었어요.

사또, 저희의 억울함을 풀어 주소서.

정동우는 다음 날 좌수 부부를 불러들여 조사를 했어요.

장화와 홍련이의 말은 모두 사실이었지요. 이에 부사는 계모 허 씨와 아들 장쇠는 사형에 처하고 배 좌수는 훈방하였어요.

예~~

사형!!

허 씨와 아들이 벌을 받게 돼서 정말 다행이다!

그래, 못된 짓을 했으니 벌을 받아야지!

맞아~ 맞아~

오빠 책에 낙서한 사람도 벌을 받아야겠지?

쌔앵~

미안~~~

평안도 철산 땅에 배무룡이라는 좌수(조선 시대 지방 군·현의 수령을 보좌하던 자문기관인 향소의 벼슬)가 늘그막에 장화와 홍련이라는 두 딸을 얻게 되었습니다. 하지만 아내 장 씨는 홍련이 다섯 살 때 죽었습니다. 배 좌수는 대를 잇기 위해 후처로 허 씨와 재혼하였습니다. 허 씨는 심성이 매우 사나웠습니다.

허 씨는 아들 삼형제를 낳았습니다. 허 씨는 아들들을 낳은 후 장화와 홍련 자매를 학대하기 시작했습니다. 시간이 흘러 장화의 혼처가 정해지자 배 좌수는 허 씨에게 장화의 혼수를 많이 준비하라고 합니다. 이에 허 씨는 재산이 축날 것이 아까워 장화를 죽이려고 흉계를 꾸밉니다. 흉계는 다름 아닌 장화가 부정한 관계를 가져 임신을 했고, 그것을 숨기려고 낙태를 했다는 것이었습니다. 허 씨는 큰아들 장쇠를 시켜 장화를 연못에 빠뜨려 죽입니다.

남은 홍련에 대한 허 씨의 학대는 더욱 심해졌습니다. 뿐만 아니라 홍련의 꿈에 언니 장화가 나타나 원통하게 죽은 사실을 알게 됩니다. 홍련은 세상을 떠난 언니를 그리워하다가 언니가 죽은 연못에 빠져 죽고 맙니다.

이 사건이 있은 후로부터 연못에서는 밤낮으로 곡소리가 났습니다. 죽은 자매는 자신의 원통함을 풀어 달라고, 고을의 부사들에게 나타났지만 부사들은 모두 놀라 죽고 맙니다. 아무도 이 고을의 부사로 오지 않으려고 했지만 정동우라는 사람이 자원하여 부사로 부임하게 됩니다. 정동우는 부사로 부임하여 장화와 홍련으로부터 원통하게 죽은 이야기를 듣고, 좌수 부부를 불러들입니다. 조사를 해 보니 장화와 홍련이 말한 대로였습니다. 이에 부사는 계모 허 씨와 아들 장쇠는 사형에 처하고 배 좌수는 훈방하였습니다.

자매의 원한을 풀어 준 정동우는 이후 통제사라는 높은 벼슬길에 올랐습니다. 또한 배 좌수는 착한 윤 씨라는 사람을 부인으로 맞아 쌍둥이 자매를 낳습니다. 그리고 장화와 홍련이라 이름 지어 주었습니다. 쌍둥이 자매는 후에 장성하여 행복하게 잘 살았다고 합니다.

자세히 알아보기

등장인물

배장화
장씨 부인이 장미꽃(장화)을 받는 태몽을 꾸고 낳은 배 좌수의 큰 딸입니다. 계모인 허씨 부인에게 낙태를 했다는 누명을 쓰고 죽임을 당합니다.

배홍련
장씨 부인이 붉은 연꽃(홍련)을 받는 꿈을 꾸고 낳은 장화의 동생입니다. 장화가 누명을 쓰고 죽음을 당한 후 그 사실을 알고 홍련도 목숨을 끊습니다.

배무룡
장화와 홍련의 아버지로 아내 장 씨와 사별한 후 허 씨를 후처로 들입니다. 하지만 허 씨의 모략으로 장화와 홍련을 잃고 죄책감에 시달립니다. 후에 윤 씨와 다시 재혼하여 쌍둥이 이름을 장화와 홍련이라 짓고 잘 키웁니다.

허씨 부인
장화와 홍련의 계모로 성격이 포악합니다. 배 좌수의 재산이 장화와 홍련에게 넘어가는 것을 아까워한 나머지 장화와 홍련을 학대하고 죽음으로 몰아갑니다.

정동우
장화홍련 자매의 원통함을 부사로 부임하여 풀어 줍니다. 이로 인해 높은 벼슬길에 오릅니다.

배경

시간 조선 시대   **장소** 평안도 철산

작품 특징

◈ 지은이와 지은 연대는 정확하게 전해지지 않습니다.
◈ 평안도 철산 지방에서 있었던 실제 살인 사건을 바탕으로 전해 내려오던 설화를 소설화한 작품입니다.
◈ 가정 비극을 소재로 한 대표적인 소설입니다.

오늘의 퀴즈

◈ 장화와 홍련의 엄마인 장 씨는 홍련이 다섯 살 때 죽습니다. 장 씨가 죽자 장화홍련의 아버지 배 좌수는 후처를 들입니다. 누구인가요?

1 오늘의 낱말

흉계凶計

뜻 음흉한 꾀.
비 음모, 간계

설상가상雪上加霜
뜻 눈 위에 서리가 덮인다는 뜻으로 안 좋은 일이나
불행한 일이 잇달아 일어남을 이르는 말.
반 **금상첨화**錦上添花

2 한자로 써 보고 익히기

凶	計		凶	計		凶	計	
흉할 **흉**	꾀 **계**		흉할 **흉**	꾀 **계**		흉할 **흉**	꾀 **계**	

雪	上	加	霜	雪	上	加	霜	
눈 **설**	위 **상**	더할 **가**	서리 **상**	눈 **설**	위 **상**	더할 **가**	서리 **상**	

'눈 위에 서리가 덮인다'는 뜻으로 안 좋은 일이 잇달아 일어남을 일컬을 때 쓰는 사자성어 '설상가
상'을 한자로 적어 보세요.

3 낱말 넣어 문장 만들기

흉계: 허 씨는 장화와 홍련을 죽일 흉계를 꾸몄다.

내가 만든 문장 〉

설상가상: 장화가 억울한 누명을 쓰고 죽은 후 설상가상으로 동생 홍련도 죽게 되었다.

내가 만든 문장 〉

상상하고 써 보기

1 내가 홍련이라면

언니 장화가 억울한 누명을 쓰고 죽은 후 계모는 홍련을 더욱 학대합니다. 또한 홍련은 계모 허 씨와 큰아들 장쇠가 언니를 죽였다는 사실을 알게 됩니다. 이에 괴로워하던 홍련은 언니가 빠져 죽은 연못에 몸을 던져 죽습니다. 내가 홍련이라면 어떤 행동을 했을지 생각해 보고 적어 보세요.

_____

_____

_____

_____

2 내 생각 적어 보기

「신데렐라」, 「백설공주」, 「콩쥐팥쥐」, 「장화홍련」 등 동서양을 막론하고 이야기에 등장하는 계모(새엄마)는 성격이 못되고 악한 인물로 많이 등장하곤 합니다. 이야기에 계모가 못된 인물로 등장하는 것에 대해 어떻게 생각하는지 내 생각을 정리하여 적어 보세요.

_____

_____

_____

_____

23

슬견설

머릿니와 개 중에서 누가 더 중요할까?

어제 저녁에 어떤 사람이 몽둥이로 개를 때려 죽이는 것을 봤네.

너무 불쌍해서 가슴이 아팠지. 이제부터는 개고기나 돼지고기를 먹지 않을 생각이네.

흠…

난 어제 저녁에 어떤 사람이 화로 옆에서 머릿니를 잡아 태워 죽이는 것을 봤네.

타닷! 타닷!

마음이 너무 아팠지. 그래서 이제 다시는 이를 잡지 않겠다고 맹세했네.

머릿니는 하찮은 존재가 아닌가?

나는 개처럼 큰 동물이 죽는 것을 보고 불쌍한 생각이 들어 한 말인데, 어떻게 머릿니처럼 사소한 것이 죽는 것과 비교를 하나?

지금 나를 놀리는 건가?

살아 있는 것은 사람으로부터 소, 말, 돼지, 양, 곤충, 개미에 이르기까지 모두 똑같이 살기를 원하고 죽기를 싫어한다네.

어떻게 큰 것만 죽음을 싫어하고 작은 것은 그렇지 않겠나? 그렇게 본다면 개와 머릿니의 죽음은 같은 것이 아니겠는가?

흠~

그대의 열 손가락을 깨물어 보게. 엄지손가락만 아프고 나머지 손가락은 안 아픈가?

……

끄아악!

헉! 이럴 수가! 손가락이 안 아프네!

그건 내 손일세.

미, 미안~

우리 몸에 있는 크고 작은 부분 모두 그 아픔은 같다네…. 아으~

객(누군가)이 나에게 이렇게 말했습니다.

"어제 저녁에 어떤 사람이 몽둥이로 개를 때려서 죽이는 것을 봤네. 너무 불쌍해서 가슴이 아팠네. 이제부터는 개고기나 돼지고기를 먹지 않을 생각이네."

그 말을 듣고 나는 이렇게 대답했습니다.

"어제 저녁에 어떤 사람이 화로 옆에서 머릿니를 잡아 태워 죽이는 것을 봤네. 마음이 너무 아팠네. 이제 다시는 이를 잡지 않겠다고 맹세했네."

이 말을 들은 객은 화를 냈습니다.

"머릿니는 하찮은 존재가 아닌가? 나는 개처럼 큰 동물이 죽는 것을 보고 불쌍한 생각이 들어 한 말인데, 어떻게 머릿니처럼 사소한 것이 죽는 것과 비교를 하나? 지금 나를 놀리는 건가?"

나는 객에게 더 자세하게 설명해 주기 위해 이렇게 말해 주었습니다.

"살아 있는 것은 사람으로부터 소, 말, 돼지, 양, 곤충, 개미에 이르기까지 모두 똑같이 살기를 원하고 죽기를 싫어한다네. 어떻게 큰 것만 죽음을 싫어하고 작은 것은 그렇지 않겠나? 그렇다면 개와 머릿니의 죽음은 같은 것이 아니겠나?"

나는 이 말에 덧붙여 말해 주었습니다.

"그대의 열 손가락을 깨물어 보게. 엄지손가락만 아프고 나머지 손가락은 안 아픈가? 우리 몸에 있는 크고 작은 부분 모두 그 아픔은 같다네. 개나 머릿니나 각자 생명을 받아 태어났는데, 어떻게 하나는 죽음을 싫어하고 하나는 좋아하겠나? 눈을 감고 조용히 생각해 보게. 달팽이의 뿔과 소의 뿔을 똑같이 생각하고, 작은 메추리를 큰 붕새와 똑같이 생각하도록 하게. 그런 뒤에야 우리는 함께 도(道)를 말할 수 있을 걸세."

자세히 알아보기

등장인물

객(客)	구체적인 이름이나 성별, 직업 등은 소개되지 않는 '누군가' 정도에 해당하는 인물입니다. 개를 몽둥이로 때려잡는 모습을 보며 다시는 개고기나 돼지고기 등을 먹지 않겠다는 것으로 이야기가 시작됩니다. 객은 덩치가 큰 개가 작은 머릿니보다 훨씬 중요하다고 줄곧 주장합니다.
나	객과 대화를 나누는 인물로 객의 편견과 선입견을 바로잡으려고 합니다. 우리 몸의 작은 부분이든 큰 부분이든 똑같이 아프듯이 큰 개나 작은 머릿니가 모두 중요하다고 생각하는 사람입니다.

배경

시간 고려 시대

장소 어느 한 동네

작품 특징

◈ 지은이는 고려 시대 대표적인 문신이자 문인인 이규보입니다.
◈ 개와 머릿니의 죽음을 두고 '객'과 '나'의 토론식 대화로 진행됩니다.
◈ '모든 생명체의 가치는 동일하다'라는 인식을 심어 주기 위한 작품입니다.

오늘의 퀴즈

◈ 객은 개에 비해 작은 몸집의 이것은 중요하지 않다고 생각합니다. 이것은 무엇일까요?

_____

◈ 머릿니와 개의 목숨이 똑같이 중요하다는 것을 강조하기 위해 달팽이의 뿔과 이것의 뿔이 똑같다고 말합니다. 이것은 무엇일까요?

_____

오늘의 낱말 익히기

1 오늘의 낱말

슬견虱犬
뜻 머릿니와 개.

왈가왈부曰可曰否
뜻 어떤 일에 대해 옳으니 그르니 말하는 것. 비 가타부타, 시시비비是是非非

2 한자로 써 보고 익히기

虱	犬			虱	犬		虱	犬	
머릿니 **슬**	개 **견**			머릿니 **슬**	개 **견**		머릿니 **슬**	개 **견**	

曰	可	曰	否		曰	可	曰	否
말할 **왈**	옳을 **가**	말할 **왈**	아닐 **부**		말할 **왈**	옳을 **가**	말할 **왈**	아닐 **부**

'어떤 일에 대해 옳으니 그르니 말하는 것'이라는 뜻의 사자성어 '왈가왈부'를 한자로 적어 보세요.

3 낱말 넣어 문장 만들기

슬견 : 슬견설은 머릿니와 개를 놓고 '객'과 '나'가 함께 토론하는 내용이다.

내가 만든 문장 〉

왈가왈부 : 슬견설에서 '객'과 '나'는 생명의 소중함에 대해 왈가왈부하면서 토론한다.

내가 만든 문장 〉

154

1 내가 「슬견설」의 '나'라면

"머릿니는 하찮은 존재가 아닌가? 나는 개처럼 큰 동물이 죽는 것을 보고 불쌍한 생각이 들어 한 말인데, 어떻게 머릿니처럼 사소한 것이 죽는 것과 비교를 하나? 지금 나를 놀리는 건가?"
내가 슬견설에 등장하는 '나'라면 위와 같은 '객'의 말에 대해 무엇이라 대답했을지 생각해 보고 적어 보세요.

_____

_____

_____

_____

2 내 생각 적어 보기

'덩치 큰 개의 목숨이나 작은 머릿니의 목숨이나 똑같다'라고 생각하는 「슬견설」에 등장하는 '나'의 생각에 대해 나는 어떻게 생각하나요? 내 생각을 정리하여 적어 보세요.

_____

_____

_____

_____

_____

4장

쉬어 가는 마당

고전문학 초성 퀴즈

초성에 어울리는 고전문학 제목을 써 보세요.

초성	내용
① ㄱㅂㅇㅈ	주인공은 과부인 막 씨의 딸로 태어나는데 사람의 모습이 아닌 금방울의 모습을 하고 태어납니다. 신비한 능력으로 금령공주도 구하고 해룡과 결혼하게 됩니다.
② ㅅㅊㅈ	앞 못 보는 아버지의 눈을 뜨게 하기 위해 공양미 삼백 석에 팔려 인당수에 몸을 던지는 효성이 지극한 주인공 이야기입니다.
③ ㅋㅈㅍㅈㅈ	착한 마음씨를 지닌 주인공은 계모의 학대와 동생 팥쥐의 괴롭힘도 잘 견뎌 내고 사또와 결혼하여 행복하게 삽니다.
④ ㄷㄲㅈ	노루의 잔치에 초대된 동물들이 누가 나이가 많은지를 놓고 겨루는 내용으로 해학적인 내용이 많은 이야기입니다.

초성	내용
⑤　ㅎ ㅅ ㅈ	주인공은 책읽기만 좋아하는 가난한 선비인데 장사를 해서 큰돈을 벌어 가난한 사람들을 도와주는 이야기입니다.
⑥　ㅇ ㄷ ㅈ	고구려 시대 실제 있었던 인물로 평강공주를 만나 바보 취급받았던 주인공이 나중에 장군이 되어 나라를 구하는 이야기입니다.
⑦　ㅇ ㅊ ㄹ ㅈ	중국 명나라를 배경으로 한 이야기로 주인공은 태어날 때부터 범상치 않은 생김새와 재주를 갖고 태어납니다. 간신의 무리인 정한담 일당에게 쫓기지만 그들을 물리치는 이야기입니다.

고전문학 낱말 퍼즐

가로 열쇠와 세로 열쇠를 잘 읽고 알맞은 고전문학 작품 제목을 넣어 퍼즐판을 완성해 보세요.

가로 열쇠

① 조선 시대 병자호란을 배경으로 하고 있고, 전쟁에서 큰 활약을 펼친 한 부인이 나라를 구하는 이야기입니다.

② 추운 겨울날 꿩 가족들이 먹이를 구하다가 콩을 발견하고 먹으려는 남편과 못 먹게 말리는 까투리의 사건으로 시작하는 이야기입니다.

③ 성질이 고약하고 고집이 센 주인공의 이야기로 주인공과 똑같이 생긴 가짜가 나타나 주인공이 착한 사람으로 바뀌면서 이야기가 끝납니다.

세로 열쇠

㉠ 조선 시대 암행어사의 대표적인 인물의 이야기를 다룬 고전입니다.

㉡ 마음씨가 착하며 제비 다리를 고쳐 주고, 큰 부자가 된 후에도 심술쟁이 형을 잘 보살펴 주는 이야기입니다.

㉢ 주인공은 별주부 자라에게 속아 용궁으로 가서 죽을 위기에 처하지만, 간을 뭍에 놓고 왔다는 핑계를 대고 가까스로 살아난 이야기입니다.

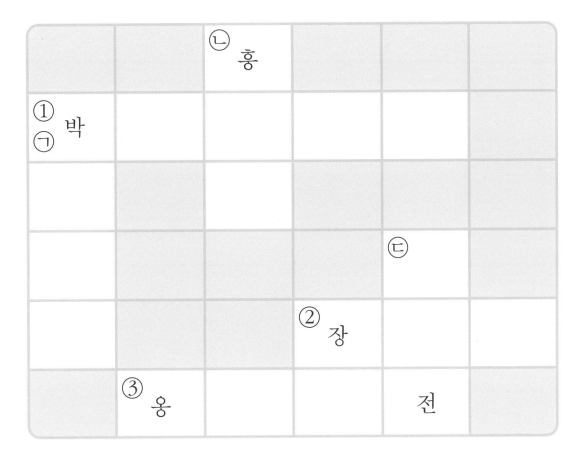

		ⓝ 홍			
① 박 ⓖ					
				ⓓ	
			② 장		
	③ 옹			전	

사자성어로 사행시 짓기

1. 권선징악(勸善懲惡) : 착한 일을 권장하고 악한 일을 징계함.

권 :

선 :

징 :

악 :

2. 사필귀정(事必歸正) : 모든 일은 반드시 바른 길로 돌아감.

사 :

필 :

귀 :

정 :

3. 호부호형(呼父呼兄) : 아버지를 아버지라고 부르고 형을 형이라고 부름.

호 :

부 :

호 :

형 :

4. 포복절도(抱腹絶倒) : 배를 부둥켜안고 넘어질 정도로 몹시 웃음.

포 :

복 :

절 :

도 :

제목 연상 게임

제시하는 낱말들을 보고 연상되는 고전 이야기의 제목을 보기에서 찾아 써 보세요.

[보기]
장화홍련전, 토끼전, 운영전, 이생규장전

① 토끼, 용궁, 용왕, 자라, 간

정답:

② 배무룡, 허씨 부인, 정동우, 장씨 부인

정답:

③ 최랑, 이생, 시, 담장, 상사병

정답:

④ 김 진사, 안평 대군, 수성궁, 유영

정답:

주인공 이름 찾기

다음 글자판을 보고 고전문학 속 주인공의 이름을 여섯 개 찾아 ○로 묶어 보세요.
낱말을 가로, 세로, 대각선 방향으로 찾을 수 있어요.

유	장	홍	길	동	온
충	박	옹	고	허	이
문	두	꺼	비	생	규
콩	칠	토	금	방	춘
끼	쥐	끼	부	향	우
심	부	자	박	중	호

마인드맵 그리기

이 책에서 가장 인상 깊었던 작품 제목을 가운데에 쓰고
마인드맵을 그려 보세요.

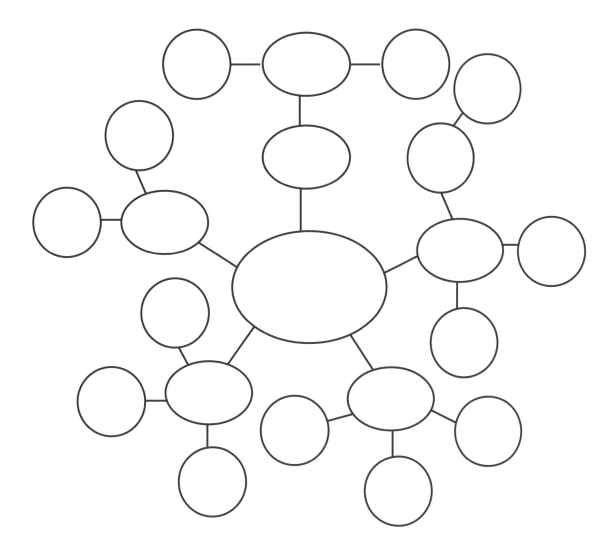

사자성어 완성하기

고전 이야기에서 공부했던 사자성어를 기억하면서 사자성어를 보기에서 찾아 완성해 보세요.

[보기]

風　同　言　富　老　否　目　雪

1		樹	之	嘆	풍수지탄

2	甘		利	說	감언이설

3	百	年	偕		백년해로

4	表	裏	不		표리부동

168

5		貴	榮	華	부귀영화

6	刮		相	對	괄목상대

7		上	加	霜	설상가상

8	曰	可	曰		왈가왈부

고전 이야기 속에 등장하는 다양한 인물 중에서
내가 표창장을 주고 싶은 인물을 골라 표창장을 수여해 봅시다.

표 창 장

받는 사람 : _____

위 사람은 아래와 같은 이유 때문에 훌륭하다고 생각하여
상장을 드립니다.

첫째, _____

_____

둘째, _____

_____

셋째, _____

_____

년   월   일

상장 주는 사람 : _____

고전 이야기 속 주인공의 별명을 지어 보고 그 이유를 써 보세요.

◆ 홍길동전 : 홍길동　　◆ 별명 짓기 :

◆ 이 별명을 지은 이유 :

◆ 토끼전 : 토끼　　◆ 별명 짓기 :

◆ 이 별명을 지은 이유 :

◆ 옹고집전 : 옹고집　　◆ 별명 짓기 :

◆ 이 별명을 지은 이유 :

기억에 남는 이야기를 만화로 그리기

가장 기억에 남는 고전 두 작품을 4컷 만화로 그려 보세요.
말 주머니도 넣어서 그려 보면 더 좋습니다.

작품명 :

작품명 :

이야기 속 낱말로 문장 짓기

이야기 속에 나오는 중요 낱말 세 개를 이용하여 문장을 지어 보세요.
문장에 세 낱말이 꼭 들어가야 합니다.

◆ 장끼전 : 꿩, 콩, 덫

문장 짓기 :

_____

_____

◆ 흥부전 : 흥부, 놀부, 제비

문장 짓기 :

_____

_____

◆ 춘향전 : 춘향, 이도령, 사또

문장 짓기 :

◆ 토끼전 : 토끼, 자라, 간

문장 짓기 :

◆ 슬견설 : 머릿니, 개, 목숨

문장 짓기 :

떠오르는 장면 그리기

고전 작품들 중 기억에 남는 장면을 그린 후 설명해 보세요.

떠오르는 장면을 그림으로 그리세요

그림을 설명해 보세요

작품 제목 :

장면 설명 :

떠오르는 장면을 그림으로 그리세요

그림을 설명해 보세요

작품 제목 :

장면 설명 :

전우치가 그린 그림 그리기

수많은 봉우리가 첩첩이 펼쳐진 산중에

폭포가 쏟아져 흐르고,

시냇가에 버들가지 늘어지게 그리고

그 밑에 안장을 진 나귀를 그렸다.

이후 전우치는 임금께 하직 인사를 드리고

그림 속으로 들어가 온데간데없이 사라져 버렸다.

「**전우치전**」의 마지막 장면입니다.
전우치는 자신이 그림을 그리고 그림 속으로 사라져 버립니다.
전우치가 그린 그림은 어떤 그림일까요?
상상해 보고 그림을 그려 보세요.

주인공에게 편지 쓰기

고전 작품들 중 주인공 두 명을 골라 주인공에게 하고 싶은 말을 편지로 써 보세요.

받을 사람(주인공)

첫 인사말

하고 싶은 말

끝 인사말

쓴 날짜

쓴 사람

받을 사람(주인공)

첫 인사말

하고 싶은 말

끝 인사말

쓴 날짜

쓴 사람

쉬어 가는 마당 정답지

고전문학 초성 퀴즈(158-159쪽)

① 금방울전 ② 심청전 ③ 콩쥐팥쥐전 ④ 두껍전
⑤ 허생전 ⑥ 온달전 ⑦ 유충렬전

고전문학 낱말 퍼즐(161쪽)

		㉡흥			
①박㉠	씨	부	인	전	
문		전			
수				㉢토	
전			②장	끼	전
	③옹	고	집	전	

제목 연상 게임(164-165쪽)

① 토끼전 ② 장화홍련전 ③ 이생규장전 ④ 운영전

주인공 이름 찾기(166쪽)

유	장	홍	길	동	온
충	박	옹	고	허	이
문	두	꺼	비	생	규
콩	칠	토	금	방	춘
끼	쥐	끼	부	향	우
심	부	자	박	중	호

사자성어 완성하기(168-169쪽)

1. 風 2. 言 3. 老 4. 同 5. 富 6. 目 7. 雪 8. 否

특별부록 1

부모님을 위한
고전문학 가이드

고전문학을
어떻게
가르쳐야 할까?

필자는 '오늘의 낱말'이라는 공책을 활용해서 아이들에게 하루에 낱말 한두 개씩을 가르칩니다. 교과서에 나온 중요한 개념 어휘나 아이들이 몰라 질문한 어휘들을 알려 주곤 합니다. 때론 절기와 관련된 어휘들도 대상이 되곤 합니다. 단오를 맞이하여 3학년 아이들에게 '단오'를 오늘의 낱말로 적어 주고 단오를 설명해 주었습니다. 춘향이와 이도령이 처음으로 만난 날도 단옷날이라고 설명을 하자 한 아이가 끼어들면서 대뜸 이런 말을 합니다.

"선생님, 춘향이가 누군데요?"

이 말을 듣고 '뜨악' 하고 있었는데 옆에 있는 짝꿍이 그 친구를 보면서 한소리를 합니다.

"헐! 너는 춘향이도 모르냐?"

다른 몇몇 아이들도 합세하여 뭐라고 하니 질문했던 아이는 민망했는지 꼬리를 내리고 말았습니다.

보는 사람에 따라 초등학교 3학년 아이가 춘향전 이야기를 모를 수도 있는 것 아니냐고 반문할 수도 있습니다. 하지만 이런 일들이 3학년만의 문제가 아니라는 데 문제가 있습니다. 예전에 6학년 아이들

을 가르칠 때 수업 시간에 '혹부리 영감' 이야기가 나왔습니다. 그런데 한 아이가 혹부리 영감 이야기가 무슨 이야기인지 전혀 모르는 것이었습니다. 교사인 저와 아이들 모두 황당하다는 표정으로 그 아이를 바라보던 기억이 납니다. 그 아이는 6학년이 끝날 때 즈음 미국으로 유학을 떠났습니다. 혹부리 영감 이야기도 모르고 미국으로 유학을 떠나는 이 아이는 과연 한국인이 될 수 있을까요? 아니면 미국으로 유학을 갔으니 미국인이 될까요?

한국말을 하고 생김새도 한국인인데 '흥부와 놀부', '심청전', '홍길동전'과 같은 고전문학 내용을 모른다면 이 사람은 한국인이 맞을까요? 아마도 고개가 갸웃하지 않을까요? 적어도 한국인으로서의 정체성을 가지고 보통의 한국인이 갖는 정서를 가지는 데 꼭 필요한 것이 고전문학이 아닐까 싶습니다. 고전문학은 시험 출제 유무만이 아니라, 우리 민족의 정체성과 일체감을 형성시키는 데 없어서는 안 될 아주 중요한 핵심이라고 생각합니다.

초등학생에게 고전문학이 왜 중요할까?

고전문학이란?

고전문학의 사전적 의미는 '예로부터 전해 내려오는 의미 있고 가치 있는 훌륭한 문학'이라고 소개되어 있습니다. 고전문학은 전래동화, 입으로 전해 내려오는 구비문학, 시나 산문을 포함한 한문학 등도 모두 포함시키는 큰 개념입니다. 시기적으로는 보통 갑오개혁 이전에 쓰인 문학을 고전문학으로 봅니다.

옛날에 쓰인 문학이라고 해서 모두 고전문학이 되는 것은 아닙니다. 언제 어디서나 누구에게든지 진리적 타당성과 작품성 등을 갖춘 작품이어야 합니다. 예를 들어 고전문학에서 많이 등장하는 주제인 '착한 일을 권장하고 나쁜 일을 징계한다'의 권선징악(勸善懲惡)은 예나 지금이나 진리적 타당성을 지닌 사상이라 할 수 있습니다. 이 사상은 인간이 존재하는 한 지속적으로 이어질 보편적인 진리처럼 여겨질 것이고 그래야 인류는 지속할 수 있을 것입니다. 「홍부전」이나 「콩쥐팥쥐전」 등과 같은 작품이 고전문학으로 인정을 받을 수 있는 이유는, '권선징악'과 같은 변하지 않는 가치를 다루었을 뿐만 아니라 작품성도 뛰어나기 때문입니다.

고전문학이 말하고 싶어 하는 것은 뻔한 이야기일지 모르지만, 그 소재나 내용만큼은 그 어느 것에 견주어도 뒤지지 않습니다. 요즘 우리가 접하는 문화 콘텐츠들 중 젊은 세대와 기성세대가 동시에 공감할 수 있는 것이 얼마나 되나요? 하지만 고전문학은 세대가 거듭되면서도 공감을 끌어내고 향유되어 왔던 콘텐츠입니다. 이런 고전문학들은 앞선 세대에서 지금 세대로 전해져 왔고, 더 나아가 앞으로의 세대에게도 전해질 것이고 전해져야 하는 작품이라 할 수 있습니다.

우리 고전문학에는 관심이 없는 아이들

「신데렐라」 이야기는 잘 알면서 한국판 신데렐라 이야기라 할 수 있는 「콩쥐팥쥐전」은 잘 모르는 것이 현실입니다. 이것이 정상일까요? 「콩쥐팥쥐전」 이야기가 「신데렐라」에 비해 작품성이나 역사성 등 전혀 뒤처지지 않지만 「콩쥐팥쥐전」은 우리나라 사람들조차 관심을 갖지 않고 읽지 않는 것에서 그 원인을 찾을 수 있지 않을까요? 우리가 우리 것에 관심을 가지지 않고 지키지 않는다면 그것은 언제든지 다른 나라에 뺏길 수 있습니다. 고전문학도 예외는 아닙니다. 우리 고전문학을 먼저 알고 다른 나라 고전문학을 접해 가면 좋겠습니다.

어떤 사람들은 고전문학은 옛날 어휘가 많이 등장해서 어렵기 때문에 그런 것 아니냐고 따지기도 합니다. 이 말은 맞는 말이면서도 틀린 말이기도 합니다. 옛날 어휘 중에서 지금은 사용되지 않는 어휘는 아이들이 어려워할 수 있습니다. 또한 고전문학에는 한자어가 많기 때문에 더 어렵게 느껴질 수 있습니다. 하지만 이것은 크게 문제가 되지 않는다고 봅니다. 아이들이 이해할 수 있는 수준의 어휘로 고쳐서 읽으면 되고, 한자는 필수 한자만 몇 백 자 알아도 영어보다는 훨씬 쉽다고 생각합니다.

오히려 작품을 제대로 이해하는 데 더 크게 관여하는 것은 작품 속에 녹아 있는 그 민족만의 독특한 정서나 문화라고 생각합니다. 우리 고전문학은 어휘가 다소 어렵다 하더라도 그 속에 녹아 있는 정서나 문화 등은 우리 것이기 때문에 훨씬 공감이 잘 되고 더 잘 이해할 수 있습니다.

초등생들이 고전문학을 접해야 하는 이유

고전문학은 중고등학교 국어 교과서에는 말할 것도 없고 초등학교 국어 교과서에도 꽤 많이 등장합니다. 초등학교 국어 교과서에 고전문학이 많이 소개된다는 것은 초등학생들도 고전문학을 읽어야만 하는 이유가 있다는 뜻일 것입니다. 아이들이 왜 고전문학을 읽어야만 하는 걸까요?

문학을 통한 인생 배우기

어린아이들일수록 문학을 통해 세상을 배워 가면 남다른 인생을 살 수 있습니다. 문학으로 삶을 배우고 문학에서 길을 찾아야 합니다. 문학으로 인생을 배우면 다양한 삶을 배울 수 있고, 타인의 삶도 관심 가질 수 있습니다. 다양한 삶의 모습들을 보면서 인생을 바라보는 통찰력이 생기기 마련입니다. 내가 전혀 몰랐던 일도 문학을 통해 배우면 관심을 기울이게 됩니다. 매일 경험하는 지루한 일상조차도 문학으로 접하면 깊은 의미로 다가오는 특별한 일상이 되곤 합니다.

고전문학은 인간의 내면과 인간관계에 대한 깊은 통찰력을 제공합니다. 고전문학에서 다루는 다양한 인간상, 감정, 욕구, 행동, 사상 등을 통해 아이는 세상을 보는 눈을 갖게 됩니다. 고전문학에 등장하는 수많은 다양한 인물은 현실의 인간 군상들을 분명하게 보여 줍니다. 다양한 인물들이 펼쳐 가는 수많은 이야기를 접하면서 아이는 자연스럽게 인간 세상을 보는 눈과 인생에 대한 통찰력을 지니게 되는 것입니다.

창의적 사고와 상상력의 확장

창의적 사고와 상상력을 확장시킬 수 있습니다. 고전문학의 경우 동물들이 말을 하기도 하고, 인간이 동물들에게 혼나는가 하면 인간을 돕기도 합니다. 다양하고 신기한 도술을 부리기도 하며 현실의 세계뿐만 아니라 이승과 저승을 옮겨 다니기도 합니다. 또한, '사후세계', '용궁', '하늘나라'도 자유자재로 넘나듭니다. '도깨비', '귀신', '선녀' 등 현실에서는 볼 수 없는 존재들도 등장합니다. 이런 소재들은 그 자체로 호기심을 유발시키기도 하며, 창의적 사고와 상상력의 확장을 가져올 수 있습니다.

바른 가치관 정립

고전문학은 아이들에게 삶의 방향성을 제시해 줍니다. 초등학교 시기는 어떻게 살아가야 하는지를 배워야 하고, 인생의 가치관을 정립해 가는 때입니다. 이 시기에 바른 가치관을 배워야만 커서도 잘못된 길로 빠지지 않고, 올바른 인생을 살아갈 수 있습니다. 나쁜 짓을 하면 벌을 받게 되고 착한 사람이 결국 승리한다든지, 어려운 역경은 누구에게나 있기 마련이고 이것을 이겨낼 때 좋은 결과를 이룰 수 있다는 이런 단순하고 명료한 사실조차도 인생의 경험을 통하여 배워야만 합니다. 그런데 고전문학 작품은 이런 좋은 가치관을 간접적으로나마 분명하게 경험할 수 있게 해 줍니다. 초등학생 때 형성된 가치관은 일생에 걸쳐 잘 변하지 않습니다. 가치관의 혼돈과 부재 속에서 살아가게 될 아이들에게, 고전문학을 통해 바른 가치관을 심어 줄 수 있다면 어떤 것보다 값진 평생의 자산이 될 것입니다.

표현 능력 향상

고전문학을 읽으면 말하기, 글쓰기와 같은 표현 능력 향상을 꾀할 수 있습니다. 우선, 말하기 능력 향상에 많은 기여를 합니다. 고전문학은 우리 사회의 구성원이라면 기본적으로 알고 있어야 합니다. 고전문학을 많이 접하다 보면 다른 사람들과의 의사소통과 상호작용을 더욱 원활하게 할 수 있습니다. 고전문학 읽기는 아이가 사회화되어 가는 과정에서 배우고 갖춰야 할 중요한 덕목이라 생각합니다.

더불어, 고전문학은 다양한 글쓰기 기법을 배울 수 있습니다. 특히 빗대어 표현하는 비유법은 고전문학을 따라올 장르가 없을 정도입니다. 또한 해학과 풍자가 넘치는 표현들이 많습니다. 고전문학을 읽다 보면 이런 표현 방식을 자연스럽게 구사할 수 있게 됩니다.

미리 준비하는 입시

고전문학을 읽는 가장 실질적인 이유가 될 수 있을지도 모르겠습니다. 중고등학교 국어 교과서에는 고전문학 작품들이 참 많이도 등장합니다. 이때 미리 고전문학 작품을 접하고 읽었던 아이들은 사전 배경지식이 형성되어 있기 때문에 이를 좀 더 쉽게 받아들이고 이해할 수 있습니다. 원전까지는 아니더라도 작품의 줄거리라도 알고 있는 것이 생소함을 없애 줄 수 있고 공부에 대한 자신감으로 작용할 수 있습니다.

이 책 활용 시
주의할 점

이 책을 제대로 활용하기 위해서는 다음과 같은 몇 가지 사항에 주의를 기울이면서 활용하면 좋습니다.

원전을 접할 기회로 이용해라

이 책은 아이들에게 고전문학에 대한 흥미를 불러일으키고 사전 배경지식을 형성시키는 데 목적이 있다고 할 수 있습니다. 이 책을 접하고 난 후에 고전문학에 대해 관심이 생겨 읽는다면 이 책은 소임을 다했다고 생각합니다.

원전만이 줄 수 있는 힘을 간과하지 마십시오. 원전에는 사색의 기회가 숨어 있습니다. 줄거리나 읽고 축약본 정도만 읽으면 이런 사색의 기회를 좀처럼 발견하기 힘듭니다. 아이가 이 책을 공부하면서 특별히 읽어 보고 싶은 고전문학이 있다면 꼭 그 책을 사서 아이에게 선물해 주세요. 고전문학 읽는 재미에 빠져들 것입니다.

원전을 읽혀 보고 싶은 분들께는 창비 출판사의 '재미있다! 우리 고전' 시리즈를 추천합니다. 초등생 아이들이 읽기에도 어렵지 않게 표현되어 있고, 삽화도 고전의 맛을 잘 살려냈습니다.

하루에 한 작품씩만 해라

이 책은 23개의 고전문학을 소개하고 있습니다. 하루에 한 꼭지씩, 한 달이면 할 수 있는 부담 없는 분량입니다. 한 꼭지를 읽고 쓰는 데 30분 정도가 소요될 것입니다. 욕심 부리지 말고 하루에 한 개씩 하는 것이 효과적입니다.

한자는 직접 써 보는 것이 중요하다

아이들이 고전문학을 어렵게 생각하는 가장 큰 이유는 옛날 어휘나 한자 어휘가 많기 때문입니다. 고전문학을 좀 더 가까이하고 잘 이해하기 위해서는 한자를 익히는 것은 필수입니다. 작품을 가장 대표하는 낱말과 연관된 사자성어를 한자로 써 보면서 한자를 익히는 데 도움을 주고자 했습니다. 한자 습득의 가장 중요한 덕목은 '반복'입니다. 한자를 반복해서 읽고 쓰다 보면 자신도 모르게 아는 한자가 늘어나기 마련입니다.

특별부록 2

퀴즈 정답지

순서		페이지	정답		페이지	정답
1장. 선조에게 배우는 권선징악	01 흥부전	17쪽	박씨		18쪽	勸善懲惡(권선징악)
	02 심청전	23쪽	인당수		24쪽	風樹之嘆(풍수지탄)
	03 콩쥐팥쥐전	29쪽	두꺼비		30쪽	苦盡甘來(고진감래)
	04 옹고집전	35쪽	허수아비	고집	36쪽	改過遷善(개과천선)
	05 유충렬전	41쪽	대 명나라 대장군		42쪽	事必歸正(사필귀정)
	06 전우치전	47쪽	(황금) 들보		48쪽	神出鬼沒(신출귀몰)
2장. 시련을 극복하고, 성취하는 삶	07 토끼전	55쪽	토끼 간	똥	56쪽	甘言利說(감언이설)
	08 춘향전	61쪽	단오		62쪽	百年偕老(백년해로)
	09 홍길동전	67쪽	활빈당		68쪽	呼父呼兄(호부호형)
	10 금방울전	73쪽	금방울		74쪽	富貴榮華(부귀영화)
	11 온달전	79쪽	신라		80쪽	刮目相對(괄목상대)
	12 운영전	85쪽	수성궁		86쪽	寤寐不忘(오매불망)
	13 이생규장전	91쪽	시		92쪽	百年佳約(백년가약)

독서 쑥쑥 논술 쑥쑥
초등 고전문학

초판 1쇄 발행 2024년 8월 14일
초판 3쇄 발행 2025년 2월 14일

지은이 송재환
그린이 인호빵
펴낸이 최순영

출판1 본부장 한수미
라이프 팀장 곽지희
편집 김소현

펴낸곳 ㈜위즈덤하우스   **출판등록** 2000년 5월 23일 제13-1071호
주소 서울특별시 마포구 양화로 19 합정오피스빌딩 17층
전화 02) 2179-5600   **홈페이지** www.wisdomhouse.co.kr

ISBN 979-11-7171-247-2 63700